MANIPULATIONS TECHNIKEN

Wie Sie durch Psychologie, NLP und Kommunikation die Gedanken und Körpersprache von Menschen lesen, sich vor Manipulation schützen und zum eigenen Vorteil andere manipulieren!

2. Auflage

ISBN: 9781070977614

Vorwort

Beeinflussen, überzeugen und manipulieren, damit fangen auch Ihre guten Vorsätze an. Sie möchten es schaffen, dass andere so denken wie Sie? Dann haben Sie sich für das richtige Buch entschieden. Es ist keine große Kunst, aber es steckt ein gewisses Können dahinter und das lernen Sie genau hier. Wer manipuliert, kommt im Leben weiter und das möchten Sie sicher auch. Dabei tut sich Ihnen ein großartiger Weg auf, andere zu manipulieren, und das kann der Chef, Vertragspartner oder ein guter Freund sein. Die Manipulation geht um und Sie sind der Strippenzieher und haben alle Fäden in der Hand. Ihre Gehaltserhöhung kommt in Gang, Sie sind angesehen und können sogar Ihren Partner in einen romantischen Urlaub verführen. Diese Manipulationsfähigkeiten stehen auch Ihnen voll und ganz zur Verfügung. Lernen Sie, Ihren Charme und Ihre Persönlichkeit wirkungsvoll einzusetzen, und manipulieren Sie dann wie von selbst. In einer Vielzahl von Situationen können Sie das lernen, wovon andere noch meilenweit entfernt sind. Die Manipulation für sich zu nutzen und vom Ruhm, Erfolg und Ansehen zu profitieren. Sonst hätte es kein erfolgreicher Mensch so weit gebracht. Die Manipulation ist ein Meilenstein in der Menschheitsgeschichte und Sie ein wichtiger Teil davon. Leben Sie Ihre Vorzüge aus und schenken Sie sich mehr Selbstvertrauen, mehr Menschenkenntnis und ein besseres Verhandlungsgeschick. Dann stehen auch Sie auf der Gewinnerseite und zeigen den negativen Seiten die Stirn. Gehen Sie mit meinem Buch auf Erfolgskurs und werden Sie zu Ihrem eigenen Kapitän. Sie erhalten ein umfangreiches und einzigartiges Wissensspektrum, einen adäquaten Erfahrungsschatz und das, was Sie als Menschen ausmacht. Die Manipulation, die Ihnen Tür und Tor öffnet und Ihre Persönlichkeit ins Rampenlicht rückt.

Inhaltsverzeichnis

Einleitung: Die Manipulation und was ich damit erreichen kann

Nicht immer ist der direkte Weg zum Menschen auch der richtige. Möchte man einen Standpunkt oder eine Meinung vertreten, fängt man nicht frontal an. Denn es gibt Anliegen, die sind diffizil und etwas pikant. Des Weiteren möchten Sie Ihre Meinung vertreten und das gelingt besser mit Manipulation. Das fängt bereits im privaten Bereich an.

- Wie vermeide ich einen Korb?
- Wie schaffe ich es, dass sie/er mich mag?
- Was kann ich tun, um sie/ihn ganz für mich erobern?
- Wie kann ich ihn/sie kennenlernen, ohne dass er denkt ...?
- Wie mache ich es, dass sie/er mich für seinen passenden Partner hält?
- Wie bekomme ich sie/ihn wieder für mich zurück?

Im geschäftlichen Bereich kommen dann noch ganz andere Gedankengänge auf:

- Wie bringe ich meine Strategie an den Mann?
- Wie verkaufe ich mich erfolgsorientiert?
- Wie fordere ich mehr Gehalt ein?
- Wie komme ich bei den Kollegen und Kolleginnen besser an?
- Wie vertrete ich mein Vorhaben?
- Nehmen mich die anderen auch ernst?

Bemerken Sie etwas, Sie haben mehr als genug Zweifel und hadern mit sich. Das liegt am mangelnden Selbstvertrauen, an Ihrer Disziplin und Struktur und Sie haben noch nicht viel von der Manipulation gehört. Denken Sie auch nicht immer, warum habe ich nicht, hätte ich doch und welche Meinung haben die anderen über mich. Mit dieser Einstellung kommen Sie kein Stück weiter, ganz im Gegenteil, Sie ziehen sich einfach nur runter.

Die Manipulation steht Ihnen mit all ihren Facetten und Wirkungsweisen parat. Andere werden tun, was Sie wollen, zu Ihnen aufsehen, und Sie entscheiden, was richtig ist und was nicht. Genau darin liegt die Kunst, mit Menschen in Kontakt zu treten und sie Ihrem Willen unterzuordnen. Im Klartext heißt das, Sie betreiben die Manipulation für folgende Zwecke:

- Gedankenkontrolle bzw. Gedankenmanipulation
- Gefühlskontrolle bzw. Gefühlsmanipulation
- Verhaltenskontrolle bzw. Verhaltensmanipulation

Demzufolge können Sie die Gedanken, Gefühle und Meinungen der anderen beeinflussen und kontrollieren. Es klingt fast zu schön, um wahr zu sein, doch es stellt die tägliche Realität dar. Wir Menschen sind wahre Kontrollfreaks, der eine mehr, der andere weniger. Wir haben gerne alles in der Hand und lassen uns auch ungern in die Karten schauen. Sie haben aber den Joker oder das Ass im Ärmel und das ist die Manipulation. Sie gibt Ihnen Sicherheit und Macht. Fragen Sie Ihren Chef oder Vorgesetzten, der weiß, wovon die Rede ist. Lassen Sie diese Zweifel und Fragen weg:

- Wie kann ich mir sicher sein, dass das Verhalten dieses Menschen echt ist?
- Mag er/sie mich tatsächlich oder ist er/sie nur auf meine Manipulation eingegangen?
- Muss ich diesen Menschen jetzt ewig weiter manipulieren, damit er bei mir bleibt?
- Wie werde ich es verkraften, wenn ich aufhöre mit meiner Manipulations-Strategie und dann verlassen werde?
- Was würde der andere denken, wenn er/sie wüsste, dass ich ihn manipuliert habe, das zu denken oder zu fühlen?

Zerbrechen Sie sich mal darüber nicht den Kopf, Sie werden auch kontinuierlich manipuliert. Ohne die Manipulation würde es weder Meinungsaustausch geben noch Veränderung. Dann kämen die ganzen

Kopfnicker an die Macht. Die Manipulation ist nicht unbequem oder menschenverachtend, sie setzt unsere Ziele und Wünsche durch. Die Manipulation spielt immer mit, sie ist jedem von uns in die Wiege gelegt und wir müssen sie nur aktivieren. Genau das können Sie auch! Werden Sie zum Strategen und entwickeln Sie sich und Ihre Einstellung neu.

Natürlich mutieren Sie nun nicht zum Gedankenleser, aber Sie manipulieren die Gedanken durch Kontrolle. Man nennt es auch die Beeinflussung und das Lenken der anderen Person. Die Gedanken werden gelenkt, was nichts mit einer Gehirnwäsche zu tun hat. Dafür gibt es sogar wissenschaftliche Hintergrundinformationen einer Kernspintomographie, die ein Hirnschnittbild aufzeigt und die Nervenzellenaktivitäten, die zum Beispiel beim Glücksspiel aktiv sind. Das Gehirn wird manipuliert, wie die Neurowissenschaft beweist. Das menschliche Hirn lässt sich gut und gerne manipulieren, ob man will oder nicht. Selbst im Heilungsprozess manipuliert sich das Gehirn selbst, um schnell wieder zu gesunden. Gelähmte Menschen konnten wieder gehen, da das Gehirn eine Manipulation im Körper hervorruft. Somit sind die Gedanken nicht frei, wie es immer so schön heißt, sondern wir werden ganzheitlich manipuliert. Die Forschung und Wissenschaft wie auch die Medizin weiß davon zu berichten. Die Gedanken kontrollieren unser Körpersystem und Ihre Gedanken können andere manipulieren. Um der Gedankenkontrolle einen Tritt zu versetzen, kommt sie mit der Super-Manipulation erst so richtig in Schwung:

So machen andere, was Sie wollen

Diese Strategie ist sehr wirksam, aber es ist notwendig, dass Sie die Schritte und auch deren Reihenfolge beachten.

Schritt 1: Denken Sie selbst das über sich, was Sie sich von anderen wünschen

Sie wünschen sich, dass andere Sie mögen, aber Sie können sich selbst nicht leiden? Sie möchten, dass andere Sie für liebenswert halten und halten sich selbst für einen Versager und Nichtsnutz? Sie möchten, dass andere gut über Sie denken und Sie selbst denken aber schlecht über sich?

Das ist nun der erste Schritt, um andere dazu zu bekommen, etwas Bestimmtes über Sie zu denken bzw. sich auf eine bestimmte Art zu verhalten. Denken Sie somit positiv über sich und lassen Sie das Negative außen vor.

Schritt 2: Behandeln Sie sich so, wie Sie von anderen behandelt werden möchten

Sie möchten, dass andere wertschätzend mit Ihnen umgehen? Dann gehen Sie erst mal selbst wertschätzend mit sich um, das ist das Geheimnis der Psychologie. Demzufolge zeigen Sie Ihren Mitmenschen auf, wie Sie gerne behandelt werden möchten, und das mit Achtung und Respekt.

Wer sich selbst Respekt zollt, der bekommt ihn zurück. Auch das ist eine gewisse Art der Manipulation.

Schritt 3: Seien Sie so, wie Sie wirklich sein wollen

Obwohl es ein sehr einfacher Schritt ist, ist er für viele nicht leicht. Verstellen Sie sich nicht, bleiben Sie authentisch und legen das Gekünstelte ab. Tragen Sie den Kleidungsstil, der Ihnen liegt, und nicht den, den andere von Ihnen erwarten. Ihre Kleidung drückt auch Ihre Persönlichkeit aus. Nur um dazuzugehören, brauchen Sie das nicht. Bleiben Sie sich treu und wirken dabei natürlich und authentisch. Um es kurz zu machen, seien Sie einfach Sie selbst.

Schritt 4: Denken Sie das über andere, was sie über Sie denken sollen

Wer eine positive Ausstrahlung hat, dem wird auch mit einer freundlichen Art begegnet. Denken Sie über andere gut, spiegelt das Ihr Verhalten wider. Klingt doch einfach, oder? Auch das ist die reine Manipulation. So entgeht man Stress und Ärger und hält sich so manches Problem vom Hals.

Die Gedankenkontrolle und die damit verbundene Ausstrahlung zeigen auf, dass wir seit jeher manipuliert werden.

Hauptteil: Manipulieren Sie mit Herz und Verstand

Es beginnt bereits ein Prozess, wenn sich zwei Menschen begegnen und anfangen zu sprechen. Bereits jetzt beeinflussen sie sich gegenseitig. Demzufolge liegt eine Win-Win-Beeinflussung vor. Sie wird auch als die Doppel-Strategie benannt. Nicht nur Sie beeinflussen, auch Menschen, die es nicht gut mit Ihnen meinen, machen das. Die Schwindler, Betrüger, Heiratsschwindler, Täuscher, windige Verkäufer und zweifelhafte Berater bevorteilen sich mit der Manipulation. Durch diese nehmen Sie Schaden, wenn Sie nicht deren Manipulationstechniken aufdecken.

Es gibt aber auch die „nette“ Manipulation, und zwar die, die es gut mit Ihnen meint. Das kann die Erziehung, der Unterricht, die Partnerschaft, Freundschaft, die Selbstbeeinflussung und die Therapie sein. Damit verändern Sie rein positiv Ihre Welt. Ihre Fähigkeiten und Ihr Können werden in den Vordergrund gestellt. Auch wenn Sie manipuliert werden, es ist nur zu Ihrem Besten.

Es hat auch schon früher große Meister in der Beeinflussungskunst gegeben, ob Moses oder Jesus, Paulus, Buddha oder Cato, sie waren sich der Manipulationstechniken sehr bewusst. Demzufolge kann die Manipulation vieles sein: der Schlüssel zum Herzen, zum Erfolg, zur Macht und auch zum Krieg. All diese Parameter hat sie schon begleitet und auch Sie bedienen sich diesem rein menschlichen Konzept. Damit nehmen Sie Ihre Lebenssituation selbst in die Hand.

Die Techniken der Manipulation richten sich vordergründig nach der Person und Realität. Zudem ist die Manipulation mit jeder Situation kombinierbar und nicht nur für eine Sache bestimmt. So können Sie z.B. im Handumdrehen Aufmerksamkeit erregen, Vertrauen wecken, das Gegenüber verstehen und positive Gefühle äußern. In jedem dieser Segmente liegt ein psychologischer Nutzen. So werden auch bestimmte

Triggerpunkte beim Gegenüber ausgelöst. Sie überzeugen dann ganz automatisch und das mit Argumenten und Ihrer Vernunft. Demzufolge sollte die Manipulation im Wesentlichen nicht als negativ angesehen werden.

Wir alle reagieren genetisch bestimmt und reflexartig, das sind unsere Automatismen. Die Manipulation ist ein Teil davon und läuft unter der Beeinflussungstheorie. Ob positive oder negative Gedanken, wir werden beeinflusst, ob wir wollen oder nicht. Da kann auch die Vernunft nicht immer mithalten, wenn der Automatismus und die Bewusstmachung an der Macht sind. Die mentalen Kräfte spielen ebenfalls eine nicht ganz unwichtige Rolle.

Das Selbstvertrauen

Wer manipuliert, hat das Selbstvertrauen ganz für sich gepachtet. Damit stellt es einen sehr wichtigen Faktor im Zusammenspiel mit der Manipulation dar. Ein Mensch, der andere manipuliert, wird auf eine harte Belastungsprobe gestellt. Legen Sie sich eine Portion Selbstbewusstsein zu, das vereinfacht die Sachlage ungemein. Denken Sie positiv und nicht „Was könnten die anderen über mich denken?" Das ist egal, Sie denken: „Ich bin gut, kann es und setze es durch." Schon sind Sie einen Schritt weiter, können sich vertrauen und andere manipulieren. Es heißt nicht umsonst, wer Selbstvertrauen hat, dem wird auch viel zugetraut. Dennoch müssen Sie Kompetenz zu Ihrem Selbstvertrauen aufweisen. So haben Sie viel mehr Einfluss auf andere. Sagen Sie sich daher immer selbstbejahende Sprüche vor wie: Ich glaube an mich, ich glaube ganz fest an mich und ich schaffe es. Treten negative Gedanken auf, legen Sie einen Gedankenstopp ein.

Mut und Durchhaltevermögen

Die Manipulation hat ihre Untertanen und die drücken sich in Mut und Durchhaltevermögen aus. Bleiben Sie auch bei einer Herausforderung am Ball und kapitulieren Sie nicht schon von vorneherein. Auch bei unseren rein natürlichen Verhaltensweisen wie der Angst und dem Versagen – halten Sie durch. Manipulieren Sie sich selbst, nur so können Sie auch den

Manipulationscode der anderen knacken. Bleiben Sie in schwierigen Situationen bestimmt und seien Sie ein Vorbild, wenn es um Respekt und Achtung geht. So können Sie Menschen rein zielbewusst und erfolgsorientiert lenken. Die Visualisierungsmethode ist dabei sehr hilfreich und fördert die Beeinflussungstechniken. Bereits die Vorstellung von gewissen Gegebenheiten kann diese im Vorfeld schon beeinflussen. Gehen Sie sehr ausführlich vor und halten Sie die Dinge vor Ihrem innerlichen Auge fest.

Manipulieren geht so!

Besprechung Freitag: 17.30 Uhr

Ihr Chef hat sein Team um sich versammelt und Sie möchten sogleich Ihre Idee an den Mann bringen. Ein Stimmengewirr präsentiert sich Ihnen und Sie lassen sogleich die Manipulation walten. Sie erheben die Stimme, treten nach vorne und halten eine Rede. Ihr Vorteil dabei: Die Manipulation ist Ihr Machtwerkzeug. Sie bleiben cool, gelassen, beantworten Fragen ganz souverän und lassen auch den Chef etwas blass aussehen. Sie haben sich in dieser Situation den nötigen Respekt verschafft. Wären Sie nicht so forsch aufgetreten, hätte Ihnen ein anderer das Wasser abgegraben.

Arbeiten Sie daher immer mit Herz und Verstand und einer Portion Selbstbewusstsein. Dann kommen Sie ohne Umschweife ans Ziel. Nehmen Sie Ihre Rhetorik, die Körpersprache und die Motivation an Bord.

Gehaltsgespräch am Morgen

Sie haben um ein Gehaltsgespräch gebeten, vielleicht steht Ihnen auch gerade das Wasser bis zum Hals. Schulden, Tilgung und die Kredite wachsen Ihnen langsam, aber sicher über den Kopf. Lassen Sie sich genau diesen Ballast nicht anmerken und nehmen so den Druck aus sich heraus. Ihre Leistungen und Fähigkeiten zählen und nicht, wie viele Schulden Sie haben. Gehen Sie dabei sehr manipulativ vor und nehmen von Anfang an das Zepter in die Hand. Sie machen Überstunden, springen für Kollegen ein und sind hochqualifiziert. Sprechen Sie ruhig über Ihre Gehaltssituation und wie Ihre Fähigkeiten am Markt derzeit honoriert werden.

Treten Sie aber als Opferlamm an, wird Ihnen Ihr Chef eher über die Schulter streichen als Ihnen eine Gehaltserhöhung vorschlagen. Lesen Sie den Chef daher ganz genau, so können Sie schon im Vorfeld reagieren und ihm den Wind aus den Segeln nehmen.

Achten Sie stets darauf, dass Sie manipulieren und nicht anders herum, und nehmen Sie die Manipulation als etwas Besonderes an. Eigentlich steht die Manipulation als extrem negativ da. Hören wir nur das Wort, rechnen wir mit dem Schlimmsten. Wir werden zwar gegen unseren Willen manipuliert, aber das kommt täglich vor. Schließlich und endlich leben wir von und mit der Manipulation. Das Wort stammt aus dem Lateinischen und bedeutet nichts anderes als das „Handhaben". Dennoch geht es um das Beeinflussen mithilfe von Wörtern, der Sprache, aber ohne Gewalt und Körperkontakt. Rein mental und verbal.

Achten Sie einmal darauf, wie wir im Wesentlichen manipuliert werden!

Vertrauen aufbauen – Gemeinsamkeiten herstellen

Wem Vertrauen Sie wohl? Na dem, der so denkt wie Sie und der die gleichen Gedankengänge entwickelt. Alleine schon das Vertrauen ist eine Art Manipulation. Auch die sogenannten Gemeinsamkeiten manipulieren – Freunde können das sehr gut. Du, der Italiener, du weißt schon, der mit dem leckeren Eis ... Da gehen wir hin, das Fastfood ist doch eh immer dasselbe. Sehen Sie, wer sich vertraut und die gleichen Interessen hat, merkt gar nicht, dass er soeben manipuliert wurde. Menschen kommen auch schneller ins Gespräch, wenn sie die gleichen Hobbys aufweisen. Sie haben eine Gemeinsamkeit und tauschen ihre Meinung aus. In Wirklichkeit manipulieren sie sich. Das müssen Sie kaufen oder sehen Sie mal, das klingt schon rein manipulativ. Dennoch fällt uns die Manipulation in solchen Dingen nicht auf, da sie angenehm auf uns einwirkt.

Manipulieren Sie daher sehr bewusst, egal ob im privaten wie geschäftlichen Bereich, und fahren Sie Ihre Antennen und Fühler aus.

Dann bemerken Sie sehr schnell, ob Sie manipuliert werden oder nicht. Eine Frage, eine Antwort oder eine Idee muss noch lange keine Manipulation darstellen. Bleiben Sie zwar auf der Hut, werden aber nicht gleich misstrauisch oder argwöhnisch.

Achten Sie auf diese psychologischen Effekte

1. **Setzen Sie sich Ziele:** Möchten Sie manipulieren, dann machen Sie das nicht einfach ins Blaue hinein. Wer ein Ziel hat, dem werden auch Achtung und Respekt gezollt.
2. **Wie Sie das Vertrauen gewinnen:** Mag komisch klingen, aber man kann sich auch mal für das schlechte Wetter entschuldigen; hat zwar keinen Sinn, tut aber gut. So entschuldigen Sie sich für Dinge, für die Sie nichts können.
3. **Pflegen Sie ein Hobby:** Haben Sie ein Hobby, wirken Sie sogleich engagierter und leistungsorientierter und sind auch fitter im Job.
4. **Schimpfen Sie und lassen mal Dampf ab:** Es kann den Teamgeist verbessern, lindert sogar Schmerzen und macht kreativ. Dadurch wirken Sie kompetenter.
5. **Verhandlungen:** Achten Sie beim Verhandeln darauf, dass Ihr Gegenüber nicht zu hart, sondern eher weich sitzt. Damit werden Ihnen eher Zugeständnisse gemacht.
6. **Fremde Menschen:** Finden Sie Fremde nett, wirken auch Sie sofort sympathisch und sind sogleich auf einer Wellenlänge. Sozialpsychologen nennen den Effekt auch Akzeptanzresonanz.
7. **Lächeln:** Das ist ein Muss in der heutigen Zeit und sorgt gleich für mehr Optimismus.
8. **Etwas Neues lernen:** Lernen Sie etwas Neues, wird Ihr Erinnerungsvermögen aktiviert.
9. **Verhandlung gewinnen:** Bringen Sie Ihre Sympathie, Ihren Optimismus und Ihre Manipulation mit und das mit einem guten Essen gepaart. Dann sind Sie auf der Siegerseite.
10. **Atmen Sie tief ein:** Damit aktivieren Sie Ihr Immunsystem, Ihre positiven Gedanken und senken Ihren Blutdruck zugleich.
11. **Selbstgespräche:** Nein, es hält Sie keiner für bescheuert, Sie bauen damit Stress ab, werden klüger, motivierter und helfen sich selbst, Probleme zu lösen. Das machen viele Menschen so und es hat durchaus Sinn, da man sich auch selbst auf die Sprünge helfen kann.
12. **Weitreichendes Netzwerk:** Menschen mit ähnlichen Zielen, Gedanken

und Ideen sind Ihr Ziel. So fühlen Sie sich, egal wo Sie sind, niemals alleine.

13. **Die Selbstreflexion:** Nehmen Sie sich täglich 15 Minuten und machen Sie sich Notizen. Ihre Leistung kann sich so um mehr als 20 Prozent verbessern.
14. **Neue Ideen braucht das Land:** Ihre Ideen bekommen Beine, wenn Sie öfters spazieren gehen. Wer sich regelmäßig körperlich bewegt, bleibt fit und bekommt ganz viele Einfälle auf natürliche Art und Weise geschenkt.
15. **Wichtige Entscheidungen:** Treffen Sie Entscheidungen mehr rational als emotional. Emotionen lassen nicht immer klar entscheiden und sind wenig effektiv. Manipulativ gesehen gehen Sie damit den besseren Weg. Auch bei der Manipulation denken Sie eher konstruktiv als emotional.
16. **Bleiben Sie standpunkttreu:** Vertreten Sie Ihren Standpunkt ganz vehement. Gerade wer manipuliert, setzt alles auf eine Karte und sollte daher auch standpunkttreu sein, sonst wirken Sie eher unglaubwürdig. Lassen Sie sich auch nicht von der Entscheidung anderer beeinflussen.
17. **Der wichtigste Tag in der Woche:** Ist rein statistisch gesehen der Dienstag, denn dieser Tag soll der produktivste sein.
18. **Profilbilder im Netz:** Zeigen Sie ruhig die Zähne im Internet und tragen eine rein formale Kleidung. Diese Fotos schinden Eindruck und kommen bei anderen sehr gut an.
19. **Tagträume:** Wer manipuliert und im Leben steht, der benötigt seine Tagträume, denn die machen kreativ und zeigen Probleme schon vorzeitig auf.
20. **Aufschub tut selten gut:** Was du heute kannst besorgen, das verschiebe nicht auf morgen. Sie kennen den Spruch – halten Sie sich daran.
21. **Manipulieren Sie mit Stil:** Wer manipuliert, hat Macht, nur weiten Sie diese nicht allzu sehr aus. Die anderen unter Ihnen möchten auch noch leben. Eine gesunde und ehrliche Manipulation hat nichts mit dem Niedermachen anderer Menschen zu tun.
22. **Lassen Sie sich nicht manipulieren:** Wer selbst manipuliert, merkt sehr schnell, wie der Hase läuft, und schiebt diesem Prozess einen Riegel vor. Ihr Gegenüber wird das recht bald bemerken.
23. **Gehaltserhöhung:** Ein meist delikates Thema. Steigen Sie mit einer krummen Summe ein, das verwirrt Ihren Chef und er muss reagieren. Verkaufen Sie sich dabei nie unter Wert.

24. **Tanzen Sie aus der Reihe:** Wer manipuliert, fällt auf, und das sollte auch bei der Kleidung sein und stellt Ihren Mut unter Beweis. Sie genießen sogleich einen höheren Status.
25. **Manipulieren Sie sich selbst:** Nicht immer ist es ein guter Tag und nicht immer sind Sie auf Ballhöhe. Reden Sie sich ein, Sie sind gut, etwas Besonderes, schaffen es und sind der Beste. Das beschwingt Ihre Endorphine ungemein. Runterziehen kann sich jeder, genau das brauchen Sie aber nicht.
26. **Zeigen Sie Ihre wahre Größe:** Im Beruf und Job stehen wir alle unseren Mann, Schwächen sind da nicht erlaubt. Doch genau die machen so sympathisch. Lassen auch Sie sich unter die Arme greifen, wenn Not am Mann ist. Das zeigt Ihre wahre Größe.
27. **Kaugummikauen:** Das kann Ihre kognitiven Fähigkeiten beschleunigen. Oder mal ganz salopp gesagt: Wer Kaugummi kaut, denkt und merkt sich Dinge schneller.
28. **Kaffeetrinken:** Es geht jetzt nicht um den Kaffeeklatsch oder das Kaffeekränzchen im Allgemeinen. Wer Kaffee trinkt, der beschleunigt seine Denkleistung, Sie sind den anderen um Längen voraus und Ihre nächste Manipulation steht schon bereit. 200 Milligramm Koffein sind dabei perfekt und stellen Ihren gedanklichen Leistungsbooster dar.
29. **Lügen haben kurze Beine:** Meist lügen wir unbewusst, gerade wenn wir manipulieren, um unser Vorhaben durchzuziehen. Der Mensch neigt hier und da zum Lügen, tun Sie es auch. Aber es sollte immer im Rahmen bleiben und man nicht zum notorischen Lügner werden.
30. **Geben Sie niemals auf:** Mit der Manipulation kommen Sie ans Ziel, wenn auch nicht von heute auf morgen. Denn wer aufgibt, hat schon verloren.

Die Manipulation ist ein Wegweiser. Sie erzeugt Durchsetzungskraft und hilft Ihnen schnell wieder auf die Beine.

Sehen, verstehen, abwehren und anwenden, kann man hier nur sagen. Genau das machen die unterschiedlichen Manipulationstechniken aus. Nun denkt man bei diesen Techniken gleich, wer manipuliert, hat Böses im Sinn; jene, die es gut mit uns meinen, kommunizieren, um zu überzeugen. Wir sind alle mehr oder weniger fremdbestimmte Marionetten und werden manipuliert, im Guten wie im Schlechten. Lernen Sie, die Techniken zu verstehen, dann können Sie Freund und Feind im Vorfeld unterscheiden. Im Wesentlichen geht es darum, dass Sie manipulieren und nicht andersherum.

Vieles wurde uns in die Wiege gelegt und wir kennen die Körpersprache und die Rhetorik in- und auswendig. Nur wenden wir diese Praktiken wenig an und haben die nonverbale Kommunikation, unsere sprachlose Ausdrucksweise, fast schon verlernt. Dennoch wenden wir all diese Fähigkeiten an, auch die Motivation und Manipulation. Wir kommunizieren und manipulieren in einem. Daher ist die Manipulation auch nicht als böse anzusehen. Sie hilft jedem von uns, weiterzukommen und uns zu verändern und verwirklichen.

Ist es böse gemeint, wenn wir manipulieren?

Sicher nicht, denn jeder von uns manipuliert, ob bewusst oder nicht. Es kann eine freiwillige wie auch unfreiwillige Beeinflussung sein. Durch die manipulativen Techniken werden wir durchaus erfolgreicher und nicht von anderen fehlgeleitet. Wir haben das manipulative Verhalten schon von Kindheit an entwickelt, somit ist es auch nicht verwerflich. Sehen Sie es eher als konstruktiv an. Ob im Kindergarten, in der Schule, im Studium oder am Arbeitsplatz, ja, selbst im Elternhaus, wir werden immer manipuliert. Kirche, Politik, Medien und Werbung tun ihr Übriges. Wir werden eigentlich manipuliert, wo wir gehen und stehen. Daher sind wir weder böse noch gemein, wir setzen nur unsere Interessen durch.

Wie sehen mich andere?

Der erste Eindruck kann und wird ausschlaggebend sein. Schon hier findet Manipulation statt. Einer der beiden Menschen nimmt das Ruder in die Hand und beeinflusst den anderen sofort. Daher denken Sie unbedingt an Ihre Außenwirkung. So, wie Sie sich präsentieren, so werden Sie auch angesehen. Brust raus, Bauch rein, eine gerade Haltung und den Blick nach vorne gerichtet, das kann sogleich Eindruck schinden. Wie Sie andere wahrnehmen, wird in Sekunden entschieden, denken Sie immer daran.

- **Die Haltung und der Gang:** Sie beeindrucken mit einer stabilen, aufrechten Haltung nicht nur die andere Person, sondern auch sich selbst. Die Haltung wirkt auch auf Sie selbst zurück und Sie werden sich selbstbewusster fühlen. Das können Sie vor Ihrem Spiegel üben und arbeiten dabei an der Körperhaltung und Ihrem Gang. Nehmen Sie zunächst die normale Körperhaltung ein, dann eine betont nachlässig-schlaffe und anschließend eine extrem aufrechte Haltung. Wie ist Ihr Empfinden dabei? In welcher dieser Formen der Haltungsabläufe fühlen Sie sich gut. Konzentrieren Sie sich genau auf die Positionen Ihres Kopfes, der Hände, Arme und Schultern.
- **Der Händedruck:** Ohne ihn geht nichts und dennoch kann er mal ins Auge gehen. Ein kurzer, schwungvoller Druck reicht aus und zudem können Sie das Gegenüber besser eruieren.
- **Die Augen:** Schau mir in die Augen, Kleines, genau das sollten Sie auch. Die Augen sind das Fenster zur Seele, schauen Sie damit tief in die anderen hinein.
- **Die Stellung der Füße:** Denken Sie nicht, die Füße seien nicht wichtig. Sie sind wichtig und zeigen sogleich Ihre Stimmung wie auch Ihr sicheres oder unsicheres Verhalten auf. Das sind die Regeln dabei: Sind Ihre Füße auf das Gegenüber gerichtet, wird dies als Interesse gelesen. Zeigen Ihre Füße aber zur Seite und nur der Körper ist frontal ausgerichtet, wird das negativ aufgenommen. Die Füße sagen somit mehr als 1000 Worte.

Achten Sie bei Gesprächen und Verhandlungen darauf, was Ihre Füße tun. Manipulieren Sie, sind die Füße ausschlaggebend, denn Sie lassen das Gegenüber das eine oder andere an Ihrem Verhalten erkennen.

- **Der Halo-Effekt:** Er kommt einer Art Heiligenschein gleich und man versteht darunter eine messbare kognitive Verzerrung. Was bedeutet, lernen wir neue Menschen kennen, erfahren wir prompt deren Charakter. Diese Charakterzüge können aber das wirkliche Verhalten überstrahlen und wir können die Art und Weise des Menschen nicht mehr einschätzen. Wir kennen den anderen ja nicht und er kann den Heiligenschein aufsetzen und uns ein X für ein U vormachen.
- Überlegen Sie sich daher, welche Eigenschaften im jeweiligen Kontext die sinnvollste ist.
- Suchen Sie nach Wegen und der Eigenschaft an sich und versuchen Sie, diese vermehrt zu betonen.

Um den Halo-Effekt besser zu verstehen hier ein Auszug dazu: Halo-Effekt, halo = Heiligenschein, systematischer Fehler der Personenbeurteilung (Urteilsfehler), bei dem ein einzelnes Merkmal einer Person so dominant wirkt, dass andere Merkmale in der Beurteilung dieser Person sehr stark in den Hintergrund gedrängt bzw. gar nicht mehr berücksichtigt werden. Darüber hinaus wird ausgehend von dem gewählten Merkmal auf weitere Eigenschaften der Person geschlossen, ohne dass hierfür eine objektive Grundlage vorliegen muss. Ausgangspunkt für den Halo-Effekt sind vor allem markante Merkmale der zu beurteilenden Person (z.B. physische Attraktivität, Behinderung, außergewöhnliche Leistungen). Der Effekt der physischen Attraktivität ist besonders häufig belegt worden. Personen, die gut aussehen, werden demzufolge meist auch als intelligent, gesellig oder dominant beurteilt. Das Auftreten des Halo-Effektes wird gefördert, wenn das Urteil besonders schnell gefällt wird.

Lernen Sie, andere Menschen zu lesen: Das kann von großem Vorteil sein und hilft bei der Manipulation ungemein weiter. Beobachten Sie die Zeichen anderer, so können auch Sie ihre Schwächen und Stärken besser verstehen und andere wiederum besser deuten. Menschen lesen ist eine Fähigkeit an sich und genau die sollten Sie tagtäglich nutzen. **Dazu ein paar Beispiele:**

Die rationalen Typen: Diese Menschen sind der Argumentation aufgeschlossen und auch dem logischen Denken zugewandt. Sie mögen die Kontrolle ihrer Emotionen und diese Menschen kann man nicht so einfach manipulieren und lesen. Sie handeln nach freien Stücken, sind nicht einschätzbar und haben sich unter Kontrolle. Diese Menschen zu manipulieren ist daher nicht einfach, aber machbar. Sie müssen sich nur voll und ganz mit diesem rationalen Typen identifizieren und versuchen, seine nicht ausgeprägten Eigenschaften zu lesen und zu studieren. Wer Menschen lesen kann, erfährt mehr über sich, als er denkt.

Der Emos: Das sind Menschen, die aus dem Bauchgefühl heraus handeln und ihre Gefühle stets offen präsentieren. In ihnen kann man lesen wie in einem offenen Buch.

Spiegeln Sie Ihren Gesprächspartner wider: Diese Methode sollten und müssen Sie beherrschen, sie entstammt aus dem NLP der Neuro-Linguistischen Programmierung. Sie beruht auf der Erkenntnis, dass es uns gefällt und wir offener für die Forderungen anderer sind, wenn sie uns ähnlich erscheinen. Dennoch stellt diese Übung kein Schauspiel dar, aber ist mit Erfolg anwendbar. So können Sie bestimmte Eigenheiten Ihrer Mitmenschen widerspiegeln:

- die Körperhaltung, Bewegungen, Mimik und Gesten
- die zur Schau getragene emotionale Haltung wie Fröhlichkeit, Teilnahmslosigkeit, Begeisterung
- Tonfall, sprachliches Register („Ey Alter!“ vs. „Mein lieber Freund!“, Fachbegriffe, Wortwahl etc.)
- Höhe der Stimme, Lautstärke und Sprechgeschwindigkeit

Diese Punkte verschärfen Ihre Beobachtungsgabe und sind ein sehr wichtiger Teil der Manipulation. Beherrschen auch Sie Ihren Körper und die Stimme, dann sind Sie immer eins mit sich.

Welche Manipulationstechniken begegnen uns am meisten?

Das Prinzip der Gegenseitigkeit: Wie heißt es doch so schön, die eine Hand wäscht die andere. Sie tun jemandem einen Gefallen und andersherum. Ebenso, wenn Sie und Ihr Gegenüber das gleiche Ziel verfolgen, unterliegt das dem Prinzip der Gegenseitigkeit, denn wir fühlen und denken wie der andere.

Fuß-in-der-Tür-Technik: Man könnte es auch die Beharrungsfalle nennen. Sie werden unauffällig an die Sache herangeführt und erzeugen somit keinen Widerstand. Dabei fließen positive Sätze mit ein wie „Schau es dir doch erst mal an". Diese dienen dazu, dass Sie den ersten Schritt in die gewünschte Richtung machen.

Herdentrieb: Wenn wir keine Herdentiere sind, wer dann? Menschen neigen dazu, etwas anzuerkennen, wenn es andere Menschen auch tun.

Manipulationstechniken im Beruf wie auch im Bewerbungsgespräch

Die wichtigste Grundlage stellt Ihre fachliche Kompetenz im Beruf dar. Sie sollte aber mit der sozialen Kompetenz gepaart sein. Sie umfasst, neue Ideen zuzulassen, zuzuhören, aber sich auch in nichts reinreden oder aufschwätzen zu lassen. So müssen Sie auch im Bewerbungsgespräch gut überzeugen und einen gewissen Eindruck schinden. Also nehmen Sie gleich mal die Manipulation zur Hand. So sind die Manipulationstechniken als rhetorisches Mittel nicht nur gut, sondern sensationell. Dennoch sollten sie sensibel eingesetzt werden, um Ihre Fähigkeiten beim Bewerbungsgespräch an den Mann zu bringen. Nur mit den Manipulationstechniken können Sie überzeugen und spielen dann im Bewerbungsgespräch eine wichtige Rolle. Immerhin möchten Sie die Position doch haben.

Lenkungstechniken

Sie können den Kommunikationspartner mit Lenkungstechniken zu veränderten Verhaltensweisen bringen. Dafür gibt es verschiedene Techniken, die man situativ, je nachdem, wie es sich ergibt, optimal anwenden kann.

Kompromisse finden

Kompromisse sind das A und O. Wirken sie sich in mehreren Alternativen aus, dann schafft das eine angenehme Atmosphäre. Der Gesprächspartner glaubt dann, dass er die Kontrolle über das Gespräch und die Situation hat. Das ist die Kunst des Manipulierens: dem anderen das Gefühl zu geben, eine Entscheidung getroffen zu haben. Doch eigentlich ist es nur ein Kompromiss, der Alternativen aufzeigt, und zwar für Sie. Denn Sie haben das Zepter in der Hand und das Gegenüber hat dies nur noch nicht erkannt.

Wahlmöglichkeiten anbieten

Bekommt man andere Möglichkeiten und hat die Wahl, fühlt man sich auch nicht eingeengt. Man hat Entscheidungsmöglichkeiten, auch wenn dem so nicht ist. Auch hier bekommt derjenige wieder ein Gefühl von Kontrolle über die Situation und sich selbst. Gerade in Bewerbungsgesprächen wird diese Taktik angewandt. Durchschauen Sie die Gestik, Mimik und die Körpersprache im Allgemeinen. Nehmen Sie diese ruhig ins Visier, dann wissen Sie auch, was der Personalchef wirklich von Ihnen denkt. Manchmal gleicht das Bewerbungsgespräch einem Schauspiel, in dem Sie ein nicht zu unterschätzender Darsteller sind und vielleicht sogar die Hauptrolle ergattern.

Eigene Kompetenzen einbringen

Es ist in einem Bewerbungsgespräch sehr vorteilhaft, andere von sich zu überzeugen und seine Kompetenzen in den Vordergrund zu stellen. Das stellt Sie sogleich ins Rampenlicht. Zählen Sie die eigenen Fähigkeiten jedoch nicht unmotiviert auf, das kann in die Hose gehen. Lassen Sie Ihre positiven Eigenschaften in das Gespräch einfließen, indem Sie an richtigen Stellen auf eigene Erfahrungen verweisen oder begründen, wieso genau Sie der Richtige für den Job sind.

Die Folgen benennen

Sie können andere für Ihre eigenen Argumente gewinnen, indem Sie die jeweils negativen oder positiven Konsequenzen der Alternativen aussprechen. Selbstverständlich bleiben Sie erst mal bei den Möglichkeiten, die Ihnen selbst nicht so zusagen, und lenken dann den Fokus eher auf die negativen Konsequenzen und benennen deren Folgen. Wenn Sie nun den Gesprächspartner mit positiven Alternativen und Ihrer Kompetenz überraschen, dann haben Sie sicher ins Schwarze getroffen. Man könnte es auch als eine positive Konsequenz betrachten.

Die Alternativen bewerten

Alternativen sind ein Muss, um Verhandlungen und insbesondere Bewerbungsgespräche zu führen. Lenken Sie als Bewerber ein Gespräch in Ihre Richtung und bewerten Sie den Ausgang. Ist er in Ihrem Sinne oder nicht? Etliche Lenkungstechniken zeigen hier eine positive Wirkung auf und führen zum Erfolg.

Beeinflussung und psychologische Tricks

Die psychologischen Tricks sollten auch Sie ganz Ihr Eigen nennen, denn andere tun es auch. Sich gegenseitig zu beeinflussen, steht an der Tagesordnung, und die Manipulationstechniken müssen auch nicht immer unmoralisch sein. Aber Sie sollten damit Ihr Ziel erreichen.

Geben und Nehmen

Das sind die Grundprinzipien des menschlichen Zusammenlebens und sie halten sich die Waage. Doch nicht immer entsteht ein Gleichgewicht und man gerät schnell mal ins Hintertreffen. Versuchen Sie, in diesem Bereich des Gebens und Nehmens gerecht zu sein. Sie tun einem einen Gefallen und die andere Seite auch, dann ist das Gleichgewicht wiederhergestellt. So können einen auch schon Kleinigkeiten erfreuen.

Ein Fuß in der Tür

Was nicht bedeutet Sie sollen gleich eine Tür eintreten, sondern sich mit Ihrem Problem beschäftigen und andere zurate ziehen. Denn lassen Sie sich helfen, öffnet sich Ihnen eine neue Tür. Auch bei Verhandlungen ist es wichtig, erst mal das Gegenüber anzuhören und seine Interessen wahrnehmen, um Forderungen und Vorschläge einzubringen. Durch Ihr manipulatives Geschick und Gespür nehmen Sie dann nach dem Zuhören das Gespräch in die Hand.

Die freundschaftliche Tour

Freundschaft im Büro kann ein zweischneidiges Schwert darstellen. Gerade die Freundschaften mit dem Chef sollten nicht in ein kumpelhaftes Verhältnis übergehen. Bleiben Sie reserviert und leben Ihre geschäftliche und nicht private Seite im Büro aus. Dann sind Sie auf der sicheren Seite. Ein freundschaftliches Arbeitsklima ist kein Problem, nur als Kumpel sollte man die Kollegen und den Chef nicht ansehen.

Was knapp ist, kann wertvoll sein

Da ertappen wir uns selbst und werden so wunderbar manipuliert – Sie übrigens auch. Gerade bei Sonderangeboten, beim Tele-Shopping oder es ist nur noch ein Artikel verfügbar, da schlagen wir gleich zu. Die Manipulation nimmt ihren Lauf und wir bemerken es noch nicht einmal. Machen Sie sich vorher Gedanken, dann wird schnell klar: Diese Werbung ist die reine Manipulation.

An die Gefühle appellieren

Ein hervorragendes Werkzeug der Manipulation sind die Gefühle. Drückt man auf die Tränendrüse oder freut sich, nehmen andere Anteil daran oder machen gleich mit. Auch im Bewerbungsgespräch können Sie den Personalchef gefühlsmäßig ansprechen und das auf die nette und sympathische Art. Ein Lächeln öffnet ja bekanntlich Tür und Tor. Bleiben Sie aber im geschäftlichen Bereich immer sachlich, Sie müssen dort niemanden zu Tränen rühren, das unterliegt dann eher dem privaten Bereich. Aber Gefühle, egal ob von positiver oder negativer Art, beeinflussen uns nun mal.

Informationsmanagement

Eine der wichtigsten Währungen im Berufsleben ist das Informationsmanagement. Nur so sind Sie handlungsfähig und gehen mit dem Fluss der Zeit. Achten Sie aber ganz genau auf Wahrheit, Lügen, Verschwiegenheit, Zurückhaltung und vor allem auf Ihr Gefühl. Informationen sind das A und O, dennoch sollten diese ehrlich, konstruktiv, offen und geschäftsbezogen sein. Auch die Information ist eine Art der Manipulation, da wir danach agieren und handeln. Nutzen Sie auch diese Sparte ganz für sich, das bereichert das Geschäftsleben ungemein.

Manipulationstechniken bewusst einsetzen

Bei allen Manipulationstechniken muss man sich bewusst sein, welche Mittel man anwendet, um zu seinem Ziel zu gelangen. Die Manipulation ist kein Freifahrtschein für intrigantes Verhalten im Büro. Sie sollte der Wahrnehmung der Interessen dienen und nicht Menschen in den Wahnsinn treiben. Ob man mit der Manipulation beliebt ist oder nicht, steht auf einem anderen Blatt Papier geschrieben. Aber sie ist das Mittel der Wahl im Geschäftsleben. Sie lässt uns unsere Ziele durchsetzen und ist eine ganz besondere Strategie für sich.

Wie die Manipulation uns Menschen beeinflusst

Sie möchten manipulieren und das Thema vertiefen, dann fangen Sie gleich damit an. Die vielen Beeinflussungstechniken schwingen da sofort mit und Sie machen sich als Mitmensch und Zuhörer vertraut, denn wir werden beeinflusst, überzeugt und manipuliert. Wer die Manipulation für sich entdeckt, der kann ihr nur noch selten widerstehen.

Und so treten die unterschiedlichen Beeinflussungsfelder zum Vorschein:

- Selbstbeeinflussung (Autosuggestion)
- Vorgesetzte
- Familie
- Äußerlichkeiten wie Kleider, Sprache, Stimme etc.
- Arbeitsplatz
- Erziehung
- Ausbildung
- Kirche
- Werbung
- Wertvorstellungen
- Medien (Bücher, Zeitung, TV, Radio, Internet, Flugblätter)

Die Beeinflussungsmechanismen sehen dann wie folgt aus:

- Wecken der Aufmerksamkeit (z.B. durch Schmeicheln, Provozieren, Überlegenheit demonstrieren, das Gegenteil behaupten oder mit Verwirren)
- Hervorheben oder Beweisen des Vorteils oder Richtigkeit des eigenen Gedankens oder Produkts, Annehmlichkeiten versprechen
- Wecken von Bedürfnissen und Wünschen
- drohen, Einschüchterung oder Angst einflößen
- Aufforderung zur Handlung

- Gefühle zeigen
- Verhaltensmuster nutzen, von positiven Gefühlen profitieren
- bildhafte Sprache, Körperhaltung, Sprachebene
- aktives Zuhören, das Angesprochene ernst nehmen, Fragen und andere Auffassung von Perspektiven

Die Manipulation hält dabei viele Techniken bereit wie den unfairen Dialekt und die unredlichen Methoden, die Argumentationstechnik und das Fragen an sich. **Da tritt dann auch das Blockieren mit auf:**

- keine Antwort geben
- nicht verstehen wollen
- absichtlich missverstehen
- ausweichen

Ein Beispiel dazu

Der Redner nimmt die Argumentationen der anderen nicht wahr, hört nicht zu und weicht somit auch allen Fragen geschickt aus. Er lässt sich nicht aus dem Konzept bringen. Denn keine Antwort ist auch eine Antwort.

Sich mit allen Mitteln durchsetzen

- drohen
- lügen
- persönlich angreifen
- Emotionen aufschaukeln
- Zeitdruck erzeugen
- schlechtes Gewissen erzeugen

Das Gespräch platzen lassen

- Gefühlsausbruch spielen
- schlechtes Gewissen erzeugen
- Erklärung verweigern
- auf eigenem Standpunkt verharren

- Fragen nicht beantworten, dafür eigene Sicht wiederholen

Wir können durch faire wie auch unfaire Mittel den anderen, wie z.B. mit dem Manipulationsmanöver durch das „Entweder-oder-Argument“, die sogenannte Schwarzweiß-Malerei, andere extrem verunsichern. Es fallen dann immer Sätze wie „Entweder wir machen das, oder wir machen dies“. Dazwischen gibt es keine Entscheidungsfreiheit und der andere hat die Antwort und Meinung eh schon für sich entschieden. Damit werden wir nicht nur manipuliert, wir werden sehr stark unter Druck gesetzt und kommen dem anderen nicht mehr aus.

Die Manipulation ist seit Langem eine Erfolgsmethode und wird tagtäglich im Geschäftsleben ganz bewusst angewandt. Ob die Rutschbahntaktik oder die Präzisionsfalle, jede Technik für sich ist genial. Seit einem halben Jahrhundert wird diese Einflussnahme erforscht und das stellt spannende Thesen und Fakten auf, wie man in welcher Situation reagieren soll. Das Handeln und Denken beeinflusst uns und es treten die menschlichen Grundtendenzen auf, die auf privater, gesellschaftlicher und geschäftlicher Ebene eine Rolle spielen. **Dazu möchten die sechs Hauptkomplexe vorgestellt werden:**

Reziprozität

Der Codex der Reziprozität oder der Gegenseitigkeit ist eine Norm und in allen menschlichen Gesellschaften enthalten. Man bekommt etwas und gibt etwas zurück. Dieser evolutionäre Selektionsausdruck ist ein Verhaltensmuster, das uns prägt. Das betrifft nicht nur die Wohltätigkeitsorganisationen, es betrifft die Lebensmittelhändler, die Kostproben offerieren, Fitness-Studios bieten ein Probetraining an und der Kunde wird an diese Prozesse gebunden. Das gleicht dem Prinzip der Gegenseitigkeit und man steht psychisch in der Schuld des Anbieters. Jeder versucht, so den anderen zu manipulieren, und das im positiven Sinne. Ein kleines Geschenk, das verbindet, und schon fühlt man sich verpflichtet. So werden Zugeständnisse gemacht, nimmt man eine Kostprobe oder ein Geschenk an. Es gilt fast schon als Phänomen, denn wir kommen dem anderen nicht mehr aus. Wir schlagen dem Gegenüber keine Bitte aus, stehen wir doch in seiner moralischen Schuld. Auch wenn dem nicht so ist, lassen wir uns von der Gegenseitigkeit sehr stark beeinflussen. Der andere wiederum erwartet entweder den Kauf eines Produktes, einen Vertragsabschluss oder eine Gegenleistung dafür. Das alles macht die Gegenseitigkeit aus. Man möchte sich für das Entgegenkommen revanchieren. Meist läuft dieser Prozess rein automatisch ab und das durch Manipulation.

Sie kennen es sicher auch. Lädt man jemanden zum Essen ein, ob aus Freundschaft oder dem Geschäftssinn heraus, fühlt sich der Eingeladene verpflichtet, eine Gegenleistung zu erbringen. Das können Blumen, Pralinen oder eben der besagte Gefallen sein. So laufen auch die Verkaufsstrategien und die Geschäftswelt ab. Aber auch die Partnerschaft und Familie ist von der Gegenseitigkeit nicht gefeit. Wir bekommen auch in diesen Bereichen die Gegenseitigkeit zu spüren. Demzufolge ist die Reziprozität eines der mächtigsten Prinzipien in unserem Zusammenleben und meint nichts anderes als die moralische Verpflichtung. Wir empfangen etwas und geben etwas zurück, so einfach ist das zu sehen.

Soziale Gleichheit

Wir orientieren uns gerne an den anderen, wenn wir nicht wissen, wie wir etwas machen sollen. Meist an Menschen, die wir kennen, denen wir vertrauen und die uns die nötige Orientierung vorgeben. Wir lassen uns dabei inspirieren, manipulieren und nehmen Vorschläge dankbar an. Es gibt aber Menschen, und vielleicht gehören auch Sie dazu, die machen einfach, manipulieren die anderen und schenken sich damit mehr Selbstvertrauen.

Konsistenz

Haben wir eine Entscheidung getroffen, tendieren wir dazu, diese beizubehalten und auch zu verteidigen. Daher ist es uns ein Gräuel, wenn wir feststellen, dass bestimmte Positionen die wir bei verschiedenen Anlässen einnehmen, nicht wirklich oder gar nicht zusammenpassen. Um dann unsere Identität zu schützen, ist die Konsistenz ein wichtiger Aspekt.

Stellen Sie sich das so vor: Förderer überzeugen für einen guten Zweck, um eine Spende einzutreiben. Sie manipulieren sozusagen, drücken auch ein wenig auf die Tränendrüse und lösen in jedem von uns gewisse Emotionen aus. Die Menschen geben dann bereitwillig eine Spende ab. Würde aber zu viel Druck aufgebaut und zu viel geworben werden, findet eher eine Ablehnung statt. Das Mittel der Wahl ist die Manipulation und die muss hier punktgenau sein.

Ähnlichkeit

Sind wir uns ähnlich und gleich, fühlen wir uns nicht manipuliert. Immerhin haben wie eine Sache oder ein Vorhaben gemeinsam. Man spricht auf Augenhöhe und ist dem anderen weder unter- noch überlegen.

Autorität

Menschen reagieren immer wieder auf Autorität, die aufgrund von Formalien oder Erfahrungen entsteht, und wir trauen uns einen größeren Überblick zu. Die Autorität entlastet uns von vielen Problemen der Entscheidungsfindung. Steht jemand über uns, das kann ein Chef, Minister oder der Bischof sein, ist dies eine Autorität und ein Garant für mehr Unterstützung – und das ohne die eigene Entscheidungsfindung.

Knappheit

Alles, was es nicht im Überfluss gibt, zieht unsere Aufmerksamkeit fast schon magisch an. Wir könnten etwas verpassen und eine einmalige Gelegenheit übersehen. Obwohl wir wissentlich manipuliert werden, lassen wir uns auf das Spiel ein.

Diese Prinzipien alleine helfen nichts, wenn Sie diese nicht sinnvoll und mit Bedacht nutzen. Die meisten Menschen merken ziemlich schnell, wenn sie manipuliert werden, und vielleicht können auch Sie sich der Manipulation nicht entziehen. Sie ist ein Mittel zum Zweck und so vielseitig anwendbar und objektiv einsetzbar, wenn man um ihre Zweckmäßigkeit weiß. Die Manipulation lenkt Sie, beschert Erfolg und manchmal auch Gerechtigkeit.

Die Regeln der Manipulation

Die Fähigkeit der Manipulation und die Lüge sind im Menschen tief verwurzelt und verankert. Sie werden zum Automatismus und lehnen sich an unsere Verhaltensweise an. Tarnen und täuschen, wenn man dazugehören möchte. Sie manipulieren schon immer, meist unbewusst und nicht mit der nötigen Konsequenz und dem Ziel vor Augen. Dennoch manipulieren Sie und das sollten Sie in die richtigen Bahnen lenken. Sonst könnten auch Sie zum Opfer der Manipulation werden, auch Ihrer eigenen.

Wir beherrschen die Manipulation seit unserem ersten Atemzug, sonst könnten wir nicht unsere Bedürfnisse ausdrücken. Schon Kinder mit drei Jahren fühlen sich beobachtet und ein wenig manipuliert und ändern sogleich ihr Verhalten. Auch Sekten – oder gerade diese – manipulieren Menschen für ihre Zwecke. Die Manipulation wurde uns in die Wiege gelegt. Wir alle manipulieren so still und heimlich vor uns hin. Nehmen Sie nun Ihre Manipulation selbst in die Hand und nutzen die drei starken Charakterzüge, auf die wir Menschen ganz besonders reagieren. Diese Züge sind teilweise angeboren und anerzogen und nehmen uns in der Manipulation voll und ganz ein, denn sie bewirken etwas in uns. Die bereits vorgestellte Autorität möchte noch einmal kurz angerissen werden, da sie den drei Charakterzügen des Menschen dient.

Autorität

Dabei positioniert sich eine Person im sozialen Gefüge, und oftmals nutzt man hierzu unterstützend eine Institution, einen Titel, einen Beruf oder auch Kleidung und Statussymbole. Das imponiert anderen Menschen und macht diesen einen Menschen zur autoritären Person. So, wie vielleicht die Schüler ihrem Lehrer vertrauen, so muss man die Autorität ansehen. Die Autorität hat ihre Verbündeten und das sind die Darstellung von Charisma, Entschlusskraft, Kompetenz oder das Einfordern von Traditionen. Leider kann man als eine Autorität den Menschen auch etwas vormachen. Gerade wenn jemand mit Fremdwörtern um sich wirft, deren Bedeutung nicht hinterfragt werden kann, kommen die ersten Zweifel auf.

Ehrlichkeit

Ehrlichkeit währt am längsten, oder etwa nicht? Wer heute die Wahrheit sagt und nicht lügt, der gilt als ehrlich. Gerade in der Manipulation ist sie nicht immer vorhanden, da man sonst seinem Ziel eventuell nur langsam näherkommt. Dennoch sollte man ehrlich sein und nicht nur den Heimvorteil sehen. Doch wir lügen schon beim ersten Satz und das beginnt bei der Begrüßung. „Guten Tag, wie geht es Ihnen?“ Alleine das kann schon eine Lüge sein, denn oftmals interessiert es nicht im Geringsten, wie es dem anderen geht. Diese nett gemeinten und zum Anstand gehörenden Begrüßungsrituale sagt man so nebenbei. Das Gegenüber sagt meist „Gut“, auch wenn es nicht der Fall ist, denn beide Seiten wissen Bescheid. Würde man ehrlich sein und von seinen Problemen sprechen, wäre das „Wie geht's?“ schnell wieder vom Tisch. Demzufolge ist unsere Kommunikation von Übertreibungen, Notlügen und Nettigkeiten geprägt. Teilweise lassen wir sogar die Wahrheit weg und lügen einfach etwas dazu. Auch die standardisierten Floskeln gehören zum guten Ton wie „Sie sehen heute wieder umwerfend aus“. Insgeheim manipulieren wir mit geschönten Floskeln, um etwas zu erreichen. Fallen Sie selbst erst gar nicht darauf herein. Wir lügen uns durch den Tag, manipulieren und die Ehrlichkeit bleibt auf der Strecke. Teilweise bemerken wir es nicht einmal, da es zu uns und unserem Leben gehört. Die Ehrlichkeit möchte vielleicht auch niemand mehr hören und sie ist wohl auch nicht mehr zeitgemäß. Daher müssen Sie für sich entscheiden, ob Sie mit oder ohne Ehrlichkeit den Menschen begegnen möchten. Achten Sie darauf, was Ihre Glaubenssätze sind, dann kommen Sie vielleicht ein Stück weit weiter.

Sympathie

Mit Sympathie kommt man weit, es steht einem Tür und Tor offen und genau dies sollten Sie sich auch bei der Manipulation zunutze machen.

Wie erzeugen Profis Sympathie?

Regel Nr. 1

Sie halten den Blickkontakt aufrecht ohne zu starren, und setzen ganz gekonnt ein Lächeln auf. Das wiederum vermittelt Offenheit.

Regel Nr. 2

Signalisieren Sie Aufmerksamkeit, um die Körpersprache des Gegenübers dezent zu übernehmen. Das wird vom Gesprächspartner verstanden als: „Ich bin wie du, hör' dir zu und glaube dir."

Regel Nr. 3

Sprechen Sie den Gesprächspartner regelmäßig mit Namen an, denn wir lieben es, unseren Namen zu hören. Sie doch auch.

Regel Nr. 4

Geben Sie immer eine ehrliche Meinung ab und gehen Sie als Vorbild in unserer Gesellschaft voran.

Regel Nr. 5

Erscheinen Sie höflich und freundlich und bieten Getränke an, halten Small-Talk und nehmen dadurch die Spannung und Nervosität aus der Situation.

Regel Nr. 6

Empathie, sprich Mitgefühl aufbringen und die Fähigkeit nutzen, sich in die Situation und Emotionen eines anderen hineinzuversetzen, baut eine Menge Vertrauen auf.

Regel Nr. 7

Gemeinsamkeiten suchen. Das können Interessen und Hobbys sein und man kann dadurch ebenfalls Vertrauen aufbauen.

Diese Regeln sind Gold wert und lassen die Manipulation ganz für sich arbeiten. Denn wer Vertrauen fasst, wird die Manipulation nicht als unangenehm empfinden. Ganz im Gegenteil, er wird sich geschmeichelt fühlen. Gehen Sie in sich, bevor Sie in ein Meeting oder eine Konferenz gehen, und fragen Sie sich Folgendes:

- Wie leicht vertraue ich den drei Kräften Autorität, Ehrlichkeit und Sympathie?
- Ist es einfach, mir diese Eigenschaften vorzuspielen?

Nun stellt die Manipulation ihre eigenen Regeln auf – Sie sollten wachsam sein und die Regeln der Manipulation aus dem Effeff beherrschen. Dann sind Sie einer von uns und lassen sich nicht so einfach über den Tisch ziehen. Dafür wurden ein paar Regeln konzipiert, damit auch Sie Menschen manipulieren können und sich nicht manipulieren lassen. Die zwischenmenschliche Beziehung ist ein sehr großer Teil von uns.

Die goldenen Regeln der Manipulation

(Ein sehr interessanter Auszug dazu)

- **Signalisieren, dass man die Person, mit der man verhandelt, schätzt.** So kommt die Person nicht so schnell auf den Gedanken, dass man sie zu etwas überreden möchte.
- **Geschenke erzeugen Schuldgefühle.** Wer Schuldgefühle hat, zahlt später mehr als nötig. Erst schenkt man ihnen etwas – dann fragt man nach einer Spende, die den Wert des Geschenks oft weit übertrifft.
- **Good Cop – Bad Cop.** Der Good Cop (der nette Verhandlungspartner) erzeugt beim Gesprächspartner das Gefühl der Dankbarkeit. Der Bad Cop verlässt den Raum und der dankbare Gesprächspartner willigt schneller in das Angebot ein.
- **Kontext verändern.** Wenn etwas zu teuer erscheint, fragt man den Kunden: „Verglichen womit?“ Da es immer eine teurere oder schlimmere Variante gibt, relativiert sich der hohe Preis.
- **Ein Euro ist ein Euro.** Wenn Sie einen Fernseher für 998 Euro kaufen wollen und in einem anderen Geschäft kostet er 986 Euro, sind Sie eher nicht bereit, durch die halbe Stadt zu fahren wegen 12 Euro. Kaufen Sie einen Taschenrechner für 24 Euro und

erfahren, dass er woanders 12 Euro kostet, wären Sie bereit, die Fahrt auf sich zu nehmen. Das ist irrational. 12 Euro sind 12 Euro. Der Verkäufer des teuren Artikels hat es leichter, Ihnen mehr Geld abzunehmen.

- **Probleme relativieren.** Denken Sie immer daran, dass jedes Problem relativ ist. Wenn der Manipulator es schafft, Ihnen die Relativität deutlich zu machen, haben Sie schon verloren. Es lässt sich immer eine schlechtere Position darstellen, was dazu führt, dass Sie dankbar sind, dass es nicht so schlimm gekommen ist. Wenn Sie 35 Euro Strafgebühr in der Videothek bezahlen müssen, sind Sie zu Recht sauer auf Ihren Filius. Bekommen Sie eine Steuernachforderung von nur 350 Euro, sind Sie überglücklich, dass es nur so wenig ist – was sind da schon 35 Euro für die Videothek? Alles ist relativ, aber die 35 Euro Mahngebühr wegen Schusseligkeit zahlen Sie trotzdem.
- **Gewinne und Geschenke aufteilen in mehrere Portionen.** Da jedes noch so kleine Geschenk und jeder unerwartete Gewinn glücklich machen, gehen Firmen dazu über, Gewinne und Geschenke zu splitten. Lieber zwei kleine Gewinne als einen großen. Die zwei kleinen Geschenke machen uns zweimal glücklich und bleiben so länger in unserem Gedächtnis. Der Werbeeffekt ist größer.
- **Rückvergütung statt Rabatt.** Ein immer häufiger auftretender Trick ist die nachträgliche Zusendung eines Schecks nach dem Kauf. Dieser wird von uns als Gewinn wahrgenommen und erzeugt in unserem Gehirn ein Glücksgefühl. Ein Rabatt hingegen ist für unser Gehirn nur die Verringerung eines Preises, der vielleicht immer noch zu hoch ist.
- **Verluste zusammenfassen.** Es werden keine Einzelposten berechnet, sondern nur ein Gesamtpreis. Das ist für uns weniger schlimm als die Auflistung vieler kleiner Verluste.
- **Risikogeschäfte.** Kommt die Sprache auf mögliche Verluste, argumentiert man immer mit der Risikobereitschaft, die ja angeblich das Rezept der Reichen und Erfolgreichen ist. Mögliche

Gewinne verkauft man am besten, indem man an das Sicherheitsbedürfnis des Menschen appelliert.

- **Artikel 30 Tage zur Probe.** Da wir Menschen ungern etwas zurückgeben, was sich schon in unserem Besitz befindet, ist es ein netter Verkaufstrick, dem Kunden den Artikel mitzugeben und ihn später zahlen zu lassen. Wenn wir etwas zurückgeben müssen, empfinden wir das als Verlust. Wir zahlen dann lieber.
- **Zahlen Sie mit Ihrem Weihnachtsgeld.** Das Geld, das Sie in der Tasche haben, geben Sie ungern her. Das Geld, das Sie erst im Dezember erhalten werden, geben Sie bereitwilliger aus.
- **Bargeldloser Zahlungsverkehr.** Dass die Plastikkarte dazu verführt, Geld auszugeben, das man eigentlich nicht hat, muss nicht noch erklärt werden, oder?
- **Rabatt-Trick.** Man muss nur einen überhöhten Preis auf ein Schild schreiben, diesen durchstreichen und den regulären Preis daruntersetzen, um seine größten Ladenhüter schnell loszuwerden. Witzigerweise halten sich die Käufer an den Wühltischen alle für Super-Schnäppchenjäger. Selbst wenn es wirklich reduzierte Ware ist: Es gibt immer einen Grund, etwas billiger zu verkaufen als zuvor.
- **Preis hoch ansetzen.** Das kennen wir vom Flohmarkt – hoch anfangen und sich dann herunterhandeln lassen. Beim Ansetzen des Preises ist aber eine Sache wichtig: Wenn Sie den Referenzpunkt des Kunden überschreiten, ist er weg. Das gilt für alle Forderungen – auch in politischen Verhandlungen und in Beziehungen. Wird die Schmerzgrenze überschritten, gibt es selten noch eine Verhandlung. Das treffsichere Auffinden des Referenzpunkts ist deshalb auch wichtig, weil Nachforderungen ein K.o.-Kriterium darstellen. Wenn Sie nach abgeschlossener Verhandlung noch etwas nachfordern, gibt es keinen Abschluss mehr. Gute Verkäufer sind die, die den Referenzpunkt (die Schmerzgrenze) des Kunden am genauesten finden.
- **Wahlmöglichkeiten minimieren.** Versuche haben gezeigt, dass zu viel Auswahl verwirrt und zu Entscheidungsunfähigkeit führt. Wenn Sie also wollen, dass sich Ihre Freundin schnell entscheidet, legen Sie Ihr nicht den kompletten Katalog hin, sondern nur die zwei Seiten mit den Schuhen, die Ihnen gefallen.

- **Knappheitsprinzip.** Wir wollen das, was schwer zu haben ist. Wenn man uns vorgaukelt, dass etwas rar und selten oder schwer zu bekommen ist, zahlen wir gerne mehr.
- **Teuer zuerst**. Wenn Sie einen Laden betreten, ist es meist so, dass die teuren Produkte zuerst kommen, damit Sie später erleichtert sind, eine preiswertere Alternative gefunden zu haben. Sie kaufen dann schneller. Im sozialen Umgang funktioniert es ähnlich. Erzählen Sie das Schlimme zuerst und besänftigen Sie dann mit den guten Nachrichten.
- **Masse bringt Masse.** Der Mensch ist leider fehlerhaft programmiert, was dieses Prinzip beweist. Da, wo viele Menschen in der Schlange stehen, stellen sich noch mehr dazu. Wir glauben, dass Dinge, die bei vielen beliebt sind, besonders gut sein müssen. Leider ist das Gegenteil der Fall. Das, was die Masse bevorzugt, hat selten Qualität, da die Mehrzahl der Menschen nicht optimal informiert ist. Die Massenmedien bewerben nicht das beste Produkt, sondern das, wofür das größte Werbebudget zur Verfügung gestellt wurde.
- **Masse ist doof.** Nicht umsonst gilt unter Sozialpsychologen: „Je größer die Menschenmenge, desto geringer die Durchschnittsintelligenz." Auch Hypnotiseure wissen, dass eine große Menschenmenge leichter zu manipulieren ist als eine kleine Gruppe. Alle Diktatoren und Bierzeltprediger machen sich das bei Massenveranstaltungen zunutze. Wieso funktioniert das Doofe-Masse-Prinzip?

  1. Die Intelligenten trauen sich nicht, in einer Gruppe von stupiden Ja-Sagern zu widersprechen.
  2. Bei dem Gegröle um sie herum würde sie sowieso niemand verstehen.
  3. Wenn Hunderte um Sie herumsitzen, die alle „Ist ja toll" rufen, werden Sie irgendwann an sich selbst und Ihrer Meinung zweifeln und lieber den Mund halten.
- **Hot Buttons.** Dieser Begriff stammt wahrscheinlich aus der Werbebranche – von den Meistern der Verführung und der Unterschlagung wichtiger Informationen. Mit Hot Buttons sind einfach nur Worte gemeint, die sich in Studien von Psychologen als verkaufsfördernd herauskristallisiert haben. Fast schon

erschreckend ist die Tatsache, dass allein das Wort „weil“ schon ein Verkaufsargument darstellt. Man hat nachgewiesen, dass dieses Wort allein schon als Beweis fungiert. Was nach dem Wort an Argumentationen aufgelistet wird, ist zweitrangig. Die meisten Menschen hören da schon nicht mehr richtig zu! Sie wissen hinterher nur noch, dass ein Beweis geliefert wurde, da es ja mit „weil“ weiterging.

- Weitere Möglichkeiten, **Beweise zu liefern, wo keine sind,** oder Ihre Kritikfähigkeit mit nur einem Wort außer Kraft zu setzen, sind: Professoren, wissenschaftliche Untersuchungen, Studien, neu, schnell, leicht, verbessert, Rezeptur, erstaunlich, effektiv ...

Fallen Sie nicht auf Sekten herein

Sekten sind die Meister der Manipulation und aus diesem Sog kam schon so mancher nicht mehr heraus. Einige davon beeinflussen einen rein negativ. Sie können uns das vermitteln, was uns vielleicht heute fehlt: die Geborgenheit und die Gemeinschaft. Da Sie zu den Menschen gehören, die manipulieren, kann Ihnen das nicht wirklich passieren, aber dennoch ist immer Vorsicht geboten, denn Sekten wenden psychologische Tricks an und kennen die Manipulationstechniken in- und auswendig.

1. **Sie vermitteln Geborgenheit:** Haben Sie Probleme, dann machen Sie gleich einen weiten Bogen darum, denn Sekten sind kein Familienersatz und sie gehen auf emotional schwache Menschen los.
2. **Geringer Druck und geringe Information:** Zu Anfang wird niemand gezwungen, doch das ändert sich dann schnell. Mit Ihrer Menschenkenntnis haben Sie das Spiel schon lange durchschaut.
3. **Illusion der Wahl erzeugen:** Man denkt, man hat eine Wahl, nur fehlt einem nach und nach die Entscheidungsfähigkeit.

Wer manipuliert, ist an der Macht und kann manchmal die Welt auch zum Negativen verändern. Da Sie aber die Manipulation für sich entdeckt haben, stehen Sie Sekten und Co. eher gelassen gegenüber.

Es begann mit einem unschuldigen Lächeln und schon nimmt die Manipulation ihren Lauf. Wir unterliegen vielen Mechanismen und die fangen mit dem Fühlen, Denken, unseren Emotionen und dem Verhalten an. Sind Sie ein Mensch, der ehrgeizig ist und weiß, was er will? Dann ist Ihre Psyche stark, Sie sind ausgeglichen und entscheidungsfreudig. Das kann nicht jeder von sich behaupten, doch Sie gehören dazu. Sie können Menschen manipulieren und nutzen den Sympathieträger an sich, Ihre Sympathie, die Ihr Gegenüber sofort positiv stimmt. Das ist Ihr Instinkt und Ihre Psyche leitet Sie. Ihre Psyche arbeitet mit Ihnen also Hand in Hand und Sie arbeiten ganz gekonnt einige Manipulationsstrategien aus. Dazu gibt es einige Details, die Sie im Alltag und im Geschäftsleben begleiten:

Jeder will etwas vom anderen

Wie bekommt man andere dazu, das zu tun, was man will? Ganz einfach: mit der Manipulation. Alleine schon hinter einem Lob kann eine versteckte Manipulation stecken. Sie sagen zu Ihrem Mitarbeiter, dass Sie nur ihn hinter dem Projekt sehen. Er fühlt sich geschmeichelt und legt sofort los. In Wirklichkeit möchten Sie, dass das Projekt so schnell wie möglich über die Bühne geht. Achten auch Sie bei einem Lob darauf, was im Eigentlichen dahintersteht. Wird man gelobt, wird einem Wertschätzung entgegengebracht und man kann schlecht nein sagen. In unserer Arbeitswelt ist das gang und gäbe. Die Macht der Psyche sozusagen, denn alleine sie strahlt ein Potenzial der Unnahbarkeit aus, die Sie sich bewahren sollten.

Wer psychisch stark ist, der kann beeinflussen und lässt die Manipulation der anderen nicht an sich heran. Auch wenn Sie der Beeinflussung ständig ausgeliefert sind, wird dabei sehr gut unterteilt. Einerseits lassen Sie einen Teil, der Ihnen guttut, zu, den anderen streichen Sie aus Ihrer Gedankenwelt. Das sind Ihre ganz eigenen psychologischen Mittel. Die

Macht der Psyche liegt in der Manipulation und Argumentation. Wussten Sie eigentlich, dass sogar das Schmollen eine Manipulationsstrategie ist? Sie ist es und bringt nicht nur ein negatives Gefühl mit sich, denn das Schmollen möchte auch etwas erreichen. Kinder können das vom Ansatz her recht gut und auch als Erwachsener hat man das Schmollen noch nicht verlernt. Demzufolge gilt: Wer schmollt, hat Ihnen verdeckt etwas zu sagen und Sie fallen auf diesen emotionalen Trick sicher nicht herein.

Jeder greift bei der Manipulation zu seinen ganz eigenen Mitteln. Doch die Macht der Psyche, die beherrschen nur Sie. Sie lenken und leiten sich und beziehen die Manipulation als Eckpfeiler ein. Mit unseren Gefühlen werden Bedürfnisse ausgedrückt, in der sich unsere Emotionen widerspiegeln. Ob verbal oder nonverbal, wir übermitteln uns ständig, und wenn es mit der Körpersprache ist. Zum einen manipulieren wir, zum andere teilen wir uns mit. Teilweise ist es ein verdeckter Kampf mit unlauteren Mitteln. Doch der, der am meisten Überzeugungskraft ausdrückt, der gewinnt. Überlegen Sie sich sehr gut, wie Sie im Leben vorgehen und welche Mittel Sie einsetzen, um zu siegen. Die Manipulation hat die Macht wie Ihre Psyche auch, denn von der werden Sie vornehmlich geleitet und gesteuert.

Unsere Psyche kann fühlen, denken, wahrnehmen und eine selbsterfüllende Prophezeiung abgeben. Sie spiegelt unser Verhalten wider. Die selektive Wahrnehmung ist ein Reizfilter und unterscheidet Wichtiges von Unwichtigem, und das sogar situationsabhängig. Damit stellt unser Gehirn auch eine sehr große Bibliothek dar. Wer sich der Manipulation bemächtigt wie Sie, der nutzt seine psychischen Fähigkeiten voll aus. Ob Informationen, komplexe Ereignisse oder einzelne Reize, Ihr Bordcomputer hat alles feinsäuberlich gespeichert. Ebenso lernt er, sich mit der Manipulation anzufreunden. Das Gehirn nimmt wahr und gefühlsmäßige Auswirkungen finden statt. Sie müssen dazu Ihre Psyche fest im Griff haben, wenn Sie manipulieren, und bei manch einer Taktik brauchen Sie Nerven wie aus Drahtseilen. Mit Ihrer scharfen Wahrnehmung können Sie Ihr Umfeld besser eruieren, Menschen lesen und optimal einschätzen. Genau diese Fähigkeit besitzen

Sie. Diese Vorzüge sind im geschäftlichen wie im privaten Teil Ihres Lebens sehr nützlich. Da bietet sich ein weiterer Gehilfe Ihrer Psyche an: das Fühlen. Die Gefühle und Empfindungen sind die Wegweiser in Ihrem Leben. Wussten Sie, dass wir bereits fühlten, bevor wir denken konnten?

Das begann bereits im Mutterleib und dieses Gefühl kommt einem Urinstinkt gleich. Es stellt unseren Wegweiser dar und zeigt unsere Bedürfnisse auf: Hunger, Durst, Schlaf, Wärme, Liebe, Geborgenheit und Zuwendung. Unser Urvertrauen ist mit uns gewachsen. Sind Sie selbst eine starke Persönlichkeit, dann steht Ihnen ein emotionaler Puffer parat. Dieser wiederum wird in der Manipulation umgesetzt und die kann Ihnen, wie ein Lächeln auch, Tür und Tor öffnen. Wer die Manipulation für sich in Anspruch nimmt, der muss mit seiner Psyche eins sein. Daher wurde das Thema in diesem Buch aufgefangen und einbezogen. Menschen mit einem labilen Hintergrund werden die Manipulation niemals als Machtwerkzeug für sich ansehen. Es macht ihnen eher Angst, sie meiden diese rein menschlichen Fähigkeiten und lassen sich eher manipulieren, als selbst die Manipulation als Mittel zum Zweck zu sehen.

Unsere Gedankenwelt ist demzufolge unser Eigentum; wir lassen uns ungern in unsere Gefühlswelt schauen. Wer manipuliert, hat diese sowieso verriegelt und handelt rein effektiv, spekulativ und eben auch manipulativ. Vieles davon, wie das Fühlen, gehört zu unseren evolutionären Wurzeln und die drücken auch unsere Wünsche, Sehnsüchte und Bedürfnisse aus. Doch Sie haben all diese evolutionären Eigenschaften im Griff, ohne mit der Wimper zu zucken. Eines macht uns zu dem, was wir sind: Nein, es ist nicht nur unsere Persönlichkeit, es ist unser Denken und kognitives Bewerten. Dabei unterscheiden wir ein Erlebnis von einem Ereignis, können uns Fakten und Themen aus einem Gespräch hervorrufen und beziehen auch hier die Manipulation mit ein.

Und das unterliegt so manchem Bewertungsprozess:

- die Ähnlichkeit des Ereignisses mit bisher gemachten Erfahrungen
- die abgespeicherten Informationen aus diesen früheren Erfahrungen (entscheidend beeinflusst durch unsere jeweiligen positiven und negativen Empfindungen)
- unsere Normen, Werte und Grundüberzeugungen
- unsere Vorlieben, Ziele und Wünsche
- unsere Sicht auf uns Selbst (Selbstsicherheit oder Selbstzweifel)
- wie sehr wir uns einer Situation gewachsen fühlen (Kompetenz oder Hilflosigkeit)

Wie man sieht, vollbringt unser Gehirn eine nicht zu unterschätzende Arbeitsleistung und das Tag für Tag. Alles ist abgespeichert und jederzeit abrufbar. Nehmen wir dann noch die Manipulation in die Hand, können wir Menschen lenken, und zwar ohne dass der Mensch dies als Manipulation empfindet. Alleine das ist schon Ihr geschickt eingefädelter Vorteil und eine Fähigkeit an sich. Unser Verhalten wiederum, was das Handeln oder Nicht-Handeln als Verhaltensmuster einbezieht, setzt unserer Persönlichkeit die Krone auf. Wir treten mit unserem Verhalten in Kontakt und mit der Außenwelt. Wir vermitteln uns, tauschen Meinungen und Interessen aus und sind jederzeit kommunikativ. Unser Gehirn, also die Macht der Gedanken, unterliegt auch dem Belohnungssystem, das mit dem Botenstoff Dopamin einhergeht. Unser Glückhormon macht uns bekanntlich glücklich und froh. Genau diesen Puffer brauchen wir, um konzentriert zu arbeiten und Leistung zu erbringen.

Ebenso benötigt die Manipulation einen Teil davon. Sie möchten ja als sympathischer Mensch fungieren, um den Erfolg Ihr Eigen zu nennen. Damit ist diese Hormonausschüttung ein Gewinn für Sie und Sie machen sich das rein natürliche Ereignis zu Ihrem Vorteil. Demnach leben wir mit dem Angstzentrum, den emotionalen Protagonisten und dem Belohnungssystem und das stellt unser Verhaltensmuster dar. Nicht immer handeln wir nach freiem Willen, auch nicht bei der Manipulation, sondern wir unterwerfen uns unseren Gedanken und unserem Verhaltensmuster. Wie Sie sehen, kann die Manipulation nur einen Teilbereich erfüllen; den Rest übernimmt die Psyche, denn sie hat die Macht über uns.

Wie erkennen Sie die Manipulation der anderen?

Werde ich nun manipuliert oder nicht? Das ist hier die Frage. Wer die Manipulationstechniken kennt, weiß, was Sache ist. Wo Sie gehen und stehen, manipulieren Sie: im Zug, in der Straßenbahn, im Restaurant, einfach überall, und Sie tun es mit Worten, Händen und Gesichtszügen. Das sind die Signale, die Sie ausstrahlen, und so werden auch Sie umgekehrt manipuliert. Im Prinzip müssen Sie sich nicht fragen, ob Sie gerade manipuliert werden – Sie werden es. Jeder versucht, seine Interessen durchzusetzen und sich gut zu verkaufen. Aber eine Manipulationstechnik haben viele nicht, nämlich die Selbstsicherheit. Die gehört aber dazu wie die Butter aufs Brot. So gibt es Profis, die immer bekommen, was sie wollen, denn die leben nach dem Vier-Methoden-Manipulationsprinzip.

- **Sie wollen Ihr Selbstvertrauen zerstören:** Sie zeigen Ihnen immer nur Ihre Fehler auf und was Sie konkret falsch machen. Sie wollen nur, dass Sie sich immer schlechter fühlen.
- **Sie bestrafen Sie mit Nichtbeachtung und Ignoranz:** Wenn Sie Hilfe benötigen, versuchen sie, Sie am Boden zu halten. Sie werden gezwungen, ihren Handlungen zu folgen, sonst wird Ihnen nicht geholfen.
- **Sie beachten die Realität nicht und stellen und krude Thesen auf:** Sie verbreiten Angst in Diskussionen und wollen andere aufhetzen. Sie selber freuen sich, wenn andere sich zerfleischen und gegenseitig bekämpfen.
- **Sie halten Ihre Persönlichkeit klein:** Sie fühlen sich stärker und Sie sollen klein bleiben. So lange Sie sich schlecht fühlen, machen sie immer weiter und ergötzen sich daran.

Bleiben Sie selbst Ihrem Selbstbewusstsein treu und lassen sich von solchen Menschen niemals herunterziehen. Sie selbst sind auch ein Meister der Manipulation, vergessen Sie das nicht. Wenn andere einen herunterziehen möchten, möchten sie damit etwas bezwecken. Bleiben Sie bei solchen Menschen immer auf der Hut und wenden Sie sich von diesen Personen ab. Oder manipulieren Sie ein bisschen, das bringt Gegenwind mit sich. Denn wer immer Schuld und Fehler bei anderen sucht, der ist nicht gerade mit Selbstbewusstsein gekrönt. Diese Menschen reagieren dann so:

1. „Ich könnte viel produktiver arbeiten, wenn ich nicht den Kollegen XY neben mir hätte."
2. „Die Gehaltserhöhung haben Sie überhaupt nicht verdient. Sie sollten erst mal so viel arbeiten wie ich, dann können Sie auch das Gleiche verdienen."
3. „Warum muss ich mich immer mit solchen Pfeifen herumstreiten?"

Laut diesem Auszug sieht so das Leben dieser Menschen aus. Eines stellt sich aber schnell heraus: Die Selbstzweifel nagen gewaltig am Ego. Sie dagegen, lieber Leser, sind mit der gewissen Selbstdisziplin, der Kompetenz und mit Ihren Manipulationstechniken bestens vertraut. Sie sind damit eins, was man von diesen Nörglern und Pessimisten nicht behaupten kann. Solche Menschen sind eher verletzend und auch ein wenig dumm und manipulieren mehr als offensichtlich. Die fallen praktisch mit der Tür ins Haus. Deren kontraproduktive Art paart sich mit ständigen Schuldzuweisungen. Doch außer heißem Dampf ist nichts gewesen. Die Schaumschläger unter uns, die Ihnen bei Weitem nicht das Wasser reichen können. Zudem sind diese Personen unsicher und manipulieren nicht einmal, sie hinterfragen ständig:

- Warum meldest du dich nicht?
- Wieso liest du meine Nachricht nicht?
- Hallooo?
- Was ist denn nun?

Lassen Sie sich demzufolge nicht aus dem Konzept bringen, die Schaumschläger sind die Marionetten ihrer selbst. Sie können manipulieren und stehen Ihren Mann, da können diese Personen nur davon träumen, denn von Manipulationstechniken, dem Ego und dem Selbstvertrauen, haben sie noch nicht wirklich etwas gehört. Dafür haben sie viel zu sehr mit ihren Schuldzuweisungen und Niederlagen zu tun.

Alles nur Manipulation oder was?

Seit den Achtzigerjahren ist es bekannt und nun haben wir es schwarz auf weiß: Wir manipulieren, und zwar alle, und das ist keine Vermutungstheorie. Liebende manipulieren, Eltern auch und alle anderen sowieso. Also jeder von uns tut es. Selbst das Baby manipuliert mit seinem Geschrei und Sie können das auch. Wir nehmen demnach Einfluss auf andere und uns selbst. Die Manipulation wird mit etlichen Synonymen behaftet:

- Agitation
- Beeinflussung
- Demagogie
- Indoktrination
- Kniff
- Kunstgriff
- Lenkung
- List
- Lobbying
- Lobbyismus
- Machenschaft
- Überredung
- Verführung
- Verhetzung
- Schachzug
- Schliche
- Suggestion

Doch nicht nur die Menschen beeinflussen uns, auch unser Umfeld, die Temperatur, Natur, unser Haustier und das ganze Drumherum. Wir sind manipulierbar, ob wir wollen oder nicht. Demzufolge betrifft die Manipulation auch unseren Tastsinn – wie man sich bettet, so liegt man –, auch er unterliegt der gewissen Manipulation. Wenn Sie über andere

Menschen entscheiden, dann manipulieren Sie. Das wiederum bewusst und nach Ihrem Empfinden. Sie führen diese Personen an ein Projekt heran, oder Sie sprechen die Kündigung aus. Auch da wird man auf Teufel komm raus manipuliert. Vielleicht ist die Manipulation auch Ihr Geschäft – als Vertreter, Verkäufer oder Chef.

Aber auch Sie werden im Alltag regelrecht manipuliert!

Werbung

Unser Konsumverhalten wird von der Werbung gelenkt und beeinflusst. Unsere Essgewohnheiten, Kleidung, unser Einrichtungsstil und letztendlich auch unsere Gesundheit. Der Urlaub sowieso und selbst den Partner suchen wir nach bestimmten Kriterien aus. Der Typ oder die Traumfrau aus der Werbung ist ein Sinnbild für Erotik pur und das wollen wir auch.

Partnerschaft

Auch hier werden wir so wunderbar beeinflusst, der eigene Geschmack wird dann zur reinen Nebensache. Wir flirten über Singlebörsen und Dating-Portale und setzen keinen Fuß vor die Tür. Die Menschen sind dort alle schön, intelligent und jung. Dort wird geschummelt und gelogen. Wir möchten gerne von dem Schein beeinflusst sein.

Netzwerke

Facebook und Co. bestimmen unsere Welt und es findet eine wahrliche Selbstinszenierung statt. Man rückt sich praktisch ins rechte Licht und es gibt niemals Niederlagen und Durchhänger. Man ist einfach perfekt.

Arbeitsleben

Die lieben Arbeitskollegen sind keinen Deut besser und schleimen um einen herum, damit wir ihre Aufgaben übernehmen: „Sie sehen aber heute wieder toll aus“, „Ihr Charme ist noch bei geschlossener Tür zu spüren“. Die Komplimente sind nichts anderes als die reine Manipulation und dienen der Arbeitserleichterung Ihrer Kollegen. Sie bitten nicht einfach um Hilfe, sie manipulieren, und das ganz gewaltig. Sie können es auch unter „Jeder Gefallen rächt sich“ laufen lassen. Auch die Freundschaftspflege aus Kalkül steht heute an der Tagesordnung.

- Selbst der liebe, brave **Gutmensch** ist am Ende nur gut, damit er Anerkennung erhält oder eine Erleichterung für sein Gewissen hat, und manipuliert fröhlich weiter.
- Und warum reden Menschen, die eventuell Egoisten darstellen, am liebsten über sich, ihre Taten, Erfolge, Erlebnisse? Womöglich, weil sie nach **Wertschätzung** gieren, nach Zuwendung, Liebe und vielleicht sogar nach Sex. Sie stellen sich gerne in den Vordergrund und setzen sich gerne in Szene damit.

Damit sind wir nicht selbstlos, sondern wir sind alle sehr berechenbar. Wir manipulieren einfach so vor uns hin. Auch Sie machen das, und zwar ohne Wenn und Aber. So kann die Manipulation auch ein Machtmissbrauch sein. Dennoch sollte die Manipulation zwischen dem freien Willen und der geschickten Beeinflussung enden. Denn wir sind alle keine willenlosen Wesen und treffen unsere Entscheidungen immer noch selbst – mehr oder weniger.

Die Manipulation in der Arbeitswelt stellt eine besondere Beeinflussung dar. Dieser kommen wir nicht aus und genau das macht uns Angst. Im Berufsleben gibt es die Psychotricks und manchmal gleicht das Büro einer Folterkammer. Wir werden in Schemen gezwängt, mit Regeln bedacht und unser Entscheidungswille ist nicht mehr gefragt. Die Authentizität ist langsam, aber sicher dahin. Ebenso werden unser Kleidungsstil und auch unsere Frisur beeinflusst. Es heißt auch nicht umsonst Dress for Success. Die Haare sind hochgesteckt und der Bart ist ab, ist Ihnen das schon einmal aufgefallen? Dann wird auch bei Ihnen manipuliert.

Nun möchten aber Sie manipulieren und das probieren Sie bei einem Ihrer Arbeitskollegen gleich mal aus. Sie selbst sind gerade etwas faul und der Kopierer steht nicht ums Eck. Würden Sie nun fragen, könntest Du oder könnten Sie bitte mal, bekämen Sie sogleich einen Korb. Sagen Sie aber, könntest Du oder könnten Sie das bitte für den Chef kopieren, sieht die Sache gleich ganz anders aus. Der Kollege oder die Kollegin macht es, und zwar anstandslos, und schon haben Sie auf eine wunderbare Weise manipuliert.

So geht es auch mit dem „Willst du viel, verlange viel“ einher. Da wir alle bis in die Haarspitzen manipulierbar sind, geht auch diese Rechnung auf. Meist glauben wir zu denken, wie beim Anchor-Effekt, der auch als Anker Effekt bezeichnet wird, und lassen uns gerne vom Gegenteil überzeugen. Da unser Gehirn immer einen Fixierpunkt sucht, kommt ihm der Anker-Effekt gerade recht. Sie lehnen sich praktisch an die Meinung der anderen an. Dann verändert sich unsere Einschätzung und wir leisten mehr, als man denkt.

Ein Bespiel dazu

Die Arbeit stapelt sich auf Ihrem Schreibtisch und der Feierabend ruft, dennoch müssen gewisse Dinge abgearbeitet werden. Gehen Sie gleich mal forsch an die Sache ran und sagen: „Feierabend ade, wir arbeiten durch.“ Der eine oder andere fühlt sich angesprochen und geht Ihnen zur Hand, denn gemeinsam sind wir stark, wie es so schön heißt. Sie können dabei perfekt manipulieren – nehmen Sie Ihre Stimme, die Haltung und die Körpersprache mit ins Boot. Das schindet immer ein wenig Eindruck. Des Weiteren können Sie auch sagen, ihr tut es nicht für mich, sondern für das Ansehen unserer Firma und auch rein objektbezogen. Etwas Bauchpinseln schadet nie. Wie Sie sehen, wir werden alle manipuliert und Sie sind kein unwesentlicher Teil davon. Die Manipulation geht um und wir sind mittendrin.

Wer manipuliert, der siegt, und wer diese Methode nicht für sich in Anspruch nimmt, ist selbst schuld. Die Manipulation ist ein altes Machtwerkzeug und heute ein wichtiger Teil in unserem Leben. Sie brauchen dazu keinen schwarzen Koffer mit Geld oder müssen irgendwelche Daten frisieren. Sie müssen die Personen um sich herum fest im Griff haben, mehr nicht. Die Manipulation bahnt sich ihren Weg und dafür gibt es einen schlechten und einen guten Grund: aus Habgier, Geltungssucht und Verschlagenheit, oder um seine Ziele zu verwirklichen. Wir arbeiten Hand in Hand mit anderen Menschen und erwarten für unser Tun eine Gegenleistung, und das muss nicht immer das Gehalt sein.

Die Vorleistung: Wer Zuwendung erhält, möchte seinerseits wiederum etwas Gutes tun und weiterhelfen. Wir sind sozusagen zu Dank verpflichtet und fühlen uns automatisch in die Pflicht genommen. Wie bereits erwähnt, geht es um das Geben und Nehmen.

Die Zusammenarbeit: In der Zusammenarbeit fühlen wir uns stark und kompetent. Dennoch sind wir von Einflüsterung und dem „Anfüttern" umgeben, denn wir sind beeinflussbar. Ist Ihnen vielleicht schon einmal aufgefallen, dass in einem Team immer nur der eine das Sagen hat? Die anderen stimmen kopfnickend zu. Eine Zusammenarbeit bietet für die meisten den gewissen Schutz und Halt und man muss bei einem Fehler nicht alleine den Kopf hinhalten. Die Gemeinschaft war es und die macht bekanntlich stark. Doch in Wirklichkeit wird in diesem Team emotionslos manipuliert.

Treten Sie ruhig aus dem Schatten des Teams heraus und zeigen Sie, was in Ihnen steckt. Mutieren Sie lieber zum Einzelkämpfer oder nehmen das Team gleich selbst in die Hand. Dann ist die Manipulation perfekt, denn kaum jemand erlebt sich gern als beeinflussbar.

Die Sozialisation: Schon Studis betrügen in nennenswertem Umfang und manipulieren. Die Normen und die Ethik gehen dahin und eine Neigung zur beißenden Selbstkritik fehlt. Nur eine subtilere Beeinflussung im eigenen Leben hilft, die Fehler zu erkennen. Aber sie belasten dann das Selbstwertgefühl und damit wäre der Erfolgsoptimismus dahin. Wer aber mehr Nachsicht mit sich übt, gestattet sich mehr Chancen. Studenten sind kein Volk der Besserwisser und Betrüger, aber auch sie manipulieren gern, denn es gehört zum guten Ton.

Die Manipulation geht nur mit Sinn und Verstand vonstatten

Beschäftigt man sich mit der Manipulation, vereinen sich die negativen Eigenschaften geradezu. Es geht um das Intrigieren, Kontrollieren und darum, die Manipulation für negative Zwecke zu missbrauchen. Benutzen Sie die Manipulation im positiven Sinne, somit gehen Sie nicht skrupellos vor. Nutzen Sie die Strategie und das gedankliche Netzwerk, das dahintersteckt, und Sie werden begeistert sein. Dann klappt es wieder in der Partnerschaft, im Alltag und im Job und es bleiben auch keine Opfer auf der Strecke. Nutzen Sie daher die folgenden Arten der Manipulation und kommen so Schritt für Schritt weiter.

Komplimente

Seinen Sie freundlich, kompetent und bestimmt. Ein freundliches Wort hier, ein kleines Lob da und schon sind andere Menschen gewillt, etwas für Sie zu tun. Ein Lob und Komplimente beflügeln geradezu und sie kommen dem Benjamin-Franklin-Effekt ganz nahe. Man kommt sich entgegen, beeinflusst sich und schon ist alles gut. So laufen die Komplimente ab, denn hinter jedem Kompliment steht eine Forderung, machen auch Sie sich das klar.

Druck

So wie man mit der gewissen Freundlichkeit weiterkommt, kommt man auch mit dem Gegenpol, dem Druck, weiter. Auch das ist sehr effektiv, wenn auch nicht so nett gemeint. Weniger freundlich, aber genauso effektiv ist diese Art der Manipulation schon, denn wer Druck aufbaut, kann auch kontrollieren. Manipulatoren setzen bevorzugt zeitlichen Druck ein, dann fordern sie auch eine sofortige Entscheidung ein. In der Verkaufsstrategie ist gerade der Zeitdruck unschlagbar. Man kauft, ohne groß nachzudenken.

Lügen

Die lieben Lügen, was wäre die Welt nur ohne sie. Lügen sind eine offensichtliche Art der Manipulation. Es werden einfach falsche Informationen weitergegeben und genau damit erwünschte Handlungen bewegt. Und schon ist man auf den Lügner hereingefallen.

Es sind die kleinen, feinen Manipulationsfallen, die wir täglich spinnen, um andere um den Finger zu wickeln. Wir sind alle mehr oder weniger manipulierbar und gehen dem ein oder anderen auf den Leim. Meist sind es Menschen, die leicht beeinflussbar sind. Schauen Sie doch mal, wie immun Sie gegen die Manipulation sind:

Die fünf Anzeichen, die ganz für sich sprechen

1. **Sie wissen, wann Sie etwas hinterfragen müssen**
   Wer nicht fragt, bleibt dumm, das kennen wir bereits aus dem Kindergarten. Wer alles akzeptiert, ist ein Ja-Sager, der zu jeder Information oder Anweisung Ja und Amen sagt: Genau diese Menschen sind ein gefundenes Fressen für die Manipulation. Da Sie aber kritisch hinterfragen, setzen Sie ein Zeichen damit. Sie lassen sich nicht so einfach manipulieren.

2. **Sie kennen sich selbst und Ihre eigenen Ziele**
   Je besser Sie sich selbst kennen, desto mehr glauben Sie an sich. Sie kennen Ihre Stärken und Schwächen, arbeiten daran und reduzieren bewusst das Risiko. Die Manipulation hat keine große Chance bei Ihnen. Daher, wer sich selbst am besten kennt, ist nicht so leicht übers Ohr zu hauen.

3. **Sie stehen zu Ihrer eigenen Meinung**
   Die starken Schlüssel sind die geistige Unabhängigkeit und das Selbstbewusstsein. Da können Ihnen die vielen Manipulatoren nicht so schnell das Wasser reichen. Diese versuchen häufig, andere mit rhetorischen Tricks zu überzeugen, und sie sind die

geistigen Quälgeister an sich. Äußern Sie aber Ihren Standpunkt und vertreten Ihre Meinung, sieht die Sachlage schon ganz anders aus. So machen Sie jedem Manipulator das Leben schwer.

4. **Sie bauen intensive Beziehungen auf**
   Man kann Menschen leider auch gegeneinander ausspielen. Dies gelingt aber nur dann, wenn die Kommunikation nicht stimmt. Je fundierter eine Beziehung ist, desto weniger Mauern liegen dazwischen. Eine intensive Beziehung wird von einem Manipulator mit Sicherheit nicht durchbrochen.

5. **Sie fühlen sich gut**
   Wer lässt sich schon gerne ausnutzen und für fremde Zwecke missbrauchen. Diese Menschen reagieren mit Stress und Nervosität. Schnell wird man zur Marionette abgestempelt. Fühlen Sie sich aber gut und sind im Reinen mit sich, dann kann Ihnen niemand etwas anhaben. Daher, lieben und vertrauen Sie sich, dann strahlen Sie das im positiven Sinne auch aus.

Wenn Sie mit Herz und Verstand manipulieren, dann kann es zum Kinderspiel werden, andere zu beeinflussen. Auch Sie werden nicht zur Schachfigur der anderen. Daher ein paar fast schon alltägliche Beispiele, denen Sie immer wieder in Ihrem Leben begegnen werden, und Tipps, wie Sie sich erfolgreich entziehen und die Manipulation dennoch ganz für sich nutzen können:

6. **Machen Sie sich nicht von anderen abhängig**
   Sie werden leichter ausgenutzt, wenn Sie immer auf der Suche nach Bestätigung und Anerkennung sind. Vertrauen Sie auf sich und Ihre Fähigkeiten, dann bauen Sie jede Menge Selbstbewusstsein auf. Daraus schöpfen Sie Kraft und Energie. Nur wer an sich glaubt, der macht sich auch nicht abhängig, und Sie zeigen den Menschen, die Sie manipulieren wollen, einfach mal die rote Karte.

7. **Tun Sie das, was Sie für richtig halten**
   Sie haben eine Entscheidung getroffen, gut so. Sie können es ohnehin nicht jedem recht machen, versuchen Sie es erst gar nicht. Konzentrieren Sie sich lieber auf das Wesentliche und leben nicht nach den Vorstellungen der anderen. Denn dann werden Sie zum Spielball und stellen ein Opfer unserer Gesellschaft dar.

8. **Lassen Sie sich keine Schuldgefühle einreden**
   Schuld ist ein starkes Gefühl und genau das setzen viele Manipulatoren gerne ein. Tritt eine Schuldfrage auf, müssen Sie nicht sofort Ihre Schuldgefühle aktivieren. Man sollte zu den eigenen Fehlern stehen; aber sich eine Schuld aufbürden zu lassen, ist dann reine Manipulation.

Zeigen Sie Ihre mentale Stärke

Mal Hand aufs Herz, wie oft tappen Sie in die Stress- und Sorgenfallen hinein? Oft genug wahrscheinlich und Ihre mentale Stärke ist dahin. Das macht wiederum sehr angreifbar und auch verletzlich. Zudem sind Sie nicht mehr bei der Sache und lassen sich manipulieren. Bringen Sie lieber Körper und Geist in Einklang und meditieren Sie, oder beginnen ein autogenes Training, nur bitte, vertreiben Sie den Stress, die Probleme und Sorgen aus Ihrem Kopf. So kommen Sie der mentalen Stärke auf die Spur, die fast schon ein Geheimnis in unserem Leben darstellt.

Die mentale Stärke und ihre Geheimnisse

Niemand kann einfach nur so manipulieren, um erfolgreich zu sein. Dafür braucht es das gewisse Know-how, die seelische Kraft, den Einklang mit sich und eine große Portion Selbstbewusstsein. Wir entscheiden alles was wir tun, im Kopf, das Bauchgefühl lassen Sie mal schön beiseite. Spricht man bei der Manipulation von der Selbstwirksamkeit, dann sind die Zuversicht, das Vertrauen und das Leistungsvermögen damit gemeint. Mit sehr wirksamen Parametern können Sie Hindernisse aller Art überwinden und unterliegen fast schon den Mantras der positiven Psychologie und dem berüchtigten „Du-kannst-alles-was-du-willst-

Tschakka". Leider ist die mentale Stärke nicht von heute auf morgen zu erwerben. So einfach ist es nicht, denn die Willenserklärung mit der anschließenden Wunscherfüllung, die gibt es leider nicht. Und wenn, dann tritt sie nur ganz selten ein. Sie brauchen Training und Talent, um Willensstark zu sein.

Was ist die mentale Stärke überhaupt?

Dieser Frage gehen wir auf den Grund. Es handelt sich um einen enorm positiv aufgeladenen Begriff. Es verbergen sich aber auch andererseits etliche Sammelbegriffe dahinter und auch die Einzel-Eigenschaften sind mit im Spiel. Diese Parameter machen letztendlich die innere Kraft aus.

Demzufolge zeichnet sich die mentale Stärke durch folgende Merkmale in uns aus:

- sich auch in schwierigen Situationen auf sein Ziel zu fokussieren
- Rückschläge als Lehrstunden betrachten
- eine hohe Frustrationstoleranz zu besitzen
- Widrigkeiten mit Willensstärke parieren

Solche Menschen besitzen eine gesunde Mischung aus Selbstvertrauen, dem realistischen Optimismus und Disziplin. Somit ist die mentale Stärke ein wesentlicher Schlüsselfaktor, um das Leben zu meistern und den persönlichen Erfolg zu feiern.

Was gehört zur mentalen Stärke?

Sicher stellt sich Ihnen die Frage, habe ich auch diese mentale Stärke, denn mit ihr werde ich besser wahrgenommen und kann damit auch besser manipulieren. Finden Sie es heraus. Wenn Sie folgende Fragen mit Ja beantworten, können Sie sich selbst aus so manchem Schlamassel ziehen.

1. **Starke Emotionen können Sie rational bewerten**
   Sie können Gefühle sofort reflektieren und nicht erst Stunden später. Das sorgt wiederum für eine gute Impulskontrolle und gibt Ihnen die emotionale Stabilität.

2. **Sie kennen Ihre Ängste**
   Sie begegnen Ihren Ängsten immer bewusst und ohne Umschweife, was nicht bedeutet, dass Sie weniger Angst haben. Sie unterscheiden begründete von unbegründeten Sorgen und kennen Ihre Ängste und Sorgen ganz genau. Meist stehen Sie darüber, um besser handeln zu können.

3. **Sie wollen es nicht jedem recht machen**
   Das müssen Sie auch nicht, denn es stellt schon den gewissen Unterschied dar, Mitmenschen respektvoll und freundlich zu behandeln, oder es anderen immer recht machen zu wollen. Zwar ecken Sie dann nicht an, zeigen aber auch eine mentale Stärke auf. Sagen Sie ruhig Nein, auch wenn die anderen dann mal verärgert sind.

4. **Sie können auch mal alleine sein**
   Alleine sein ist ein Geschenk. Es schenkt uns Ruhe und Zufriedenheit und wir nehmen uns Zeit für Körper und Geist. Sie beschäftigen sich mehr mit den eigenen Gefühlen und Gedanken. Wer mental stark ist, hat keine Probleme damit und ist auch nicht darauf angewiesen, von anderen unterhalten oder abgelenkt zu werden. Man kann auch mit sich selbst glücklich sein. Um es auf den Punkt zu bringen: Ohne Selbstliebe ist die mentale Stärke unmöglich.

5. **Sie schärfen Ihre Talente**
   Statt Ihre Talente zur Schau zur stellen, tritt nur die besagte Unsicherheit auf. Entwickeln Sie sich weiter und nehmen die Talente selbst in die Hand, so kommt Ihre Selbstsicherheit hervor und Sie sind intrinsisch motiviert.

6. **Sie stehen zu Ihren Schwächen**

   Das mag nicht immer einfach sein, doch versuchen Sie nicht, diese zu verbergen. Wir Menschen bestehen aus Stärken und Schwächen, das macht unsere menschliche Seite aus. Dahinter steckt das, was Wissenschaftler eine gesunde Selbstakzeptanz nennen.

7. **Sie leben Ihre Werte**

   Wer seine Werte lebt, ist von sich überzeugt und lebt um einiges authentischer als seine Mitmenschen.

8. **Ihr Selbstwertgefühl basiert darauf, wer Sie sind**

   Nicht das, was wir erreicht oder verloren haben, sondern das, was wir sind, das spricht unser Selbstwertgefühl aus. Sonst kommen nur die unangenehmen Selbstzweifel auf.

9. **Sie praktizieren Dankbarkeit**

   Wer dankbar ist, lebt gesünder und zufriedener und ist mit einer positiven Einstellung beseelt. Zudem ist die Dankbarkeit der Schlüssel zur Selbstbeherrschung und lässt uns auch unsere Ziele eher erreichen. Praktizieren Sie die Dankbarkeit und Sie bekommen sie tausendfach zurück. Auch in der Manipulation spielt die Dankbarkeit eine große Rolle. Sonst würde beim Erfolg keine Zufriedenheit entstehen.

10. **Sie lernen aus Fehlern**

    Die meisten von uns behaupten von sich, aus Fehlern zu lernen. Doch beobachten Sie sich einfach mal selbst. Passiert ein Missgeschick oder eine Niederlage, wie gehen Sie damit um? Ihr erster Impuls ist es, nach Entschuldigungen und Erklärungen zu suchen. Erkennen Sie doch einfach die Chance darin, Ihre Fehler zu akzeptieren und sie nicht mehr zu wiederholen. Das hat einen sehr positiven Lerneffekt.

11. **Sie übernehmen Verantwortung**

    Ein Mensch, der Selbstbewusstsein aufweist, der übernimmt für sich und andere die Verantwortung. Die ist keineswegs angeboren, aber man kann die Verantwortung erlernen. Treffen Sie Ihre eigenen Entscheidungen und lassen sich in Ihr Vorhaben nicht reinreden, dann wird auch Ihre Stärke akzeptiert, denn die Verantwortung bereichert auch Ihr Leben.

12. **Sie sehen sich als Teil der Lösung an**

    Und nicht als Teil des Problems und auch nicht als Nabel der Welt. Sie sehen die Lösung im Vordergrund und genau das macht Sie stark. Sie lassen sich nicht unterkriegen und das macht Sie als Menschen aus. Oder wie es Bonmot so schön zusammenfasst: Wer etwas will, findet Wege; wer etwas nicht will, findet Gründe.

13. **Sie freuen sich über die Erfolge anderer**

    Mental schwache Menschen betrachten das Leben als Nullsummenspiel, denn wenn einer gewinnt, muss ein anderer verlieren. Meist denkt man da gleich an sich selbst. Ihre Freunde sind dann der Zweifel, der Neid und die Bitterkeit. Auch die Eifersucht ist Ihnen nicht fremd. Sind Sie aber mental stark, dann freuen Sie sich von Herzen über den Erfolg anderer. Das zeigt die wahre Größe in Ihnen auf.

Nun kann man die mentale Stärke gut trainieren und muss nicht sang- und klaglos untergehen. Sie stellt einen sehr hilfreichen Wegweiser dar. Die mentale Stärke kann in so vielen Situationen positiv sein und hilft Ihnen oftmals aus der Krise. Auch wenn sie uns nicht in die Wiege gelegt wurde, so ist die mentale Stärke durchaus sinnvoll.

Trainieren Sie die mentale Stärke, die die Verbündete der Manipulation ist, und bauen sie bewusst im Training auf. Nur so erreichen Sie das, was Sie wollen, und nur so kommen Sie ans Ziel Ihrer Träume. Damit sind nicht die Tagträume, sondern ganz reelle Vorstellungen gemeint. Es gibt die obigen 13 Indizien dafür, was Sie besser und anders machen können und wie Sie sich mental aufbauen. Das hat nichts mit dem Ego, sondern mit dem gesunden Menschenverstand zu tun, der uns hin und wieder abhandengekommen ist. Mit den drei nachstehenden Strategien bleiben Sie am Ball und lernen, sich neu zu definieren.

Stoppen Sie negative Gedanken

Unterbrechen Sie negative Gedankenspiralen und schalten gleich mal Ihr Kopfkino aus. Das Was-wäre-wenn-Spiel hat noch keinen weitergebracht. Wenn etwas passiert, dann ist es Schicksal und so gewollt. Alles andere zieht Sie nur runter und Sie beschäftigen sich andauernd damit. Ihre Opferrolle kleiden Sie schon jetzt sehr wirkungsvoll aus. Meditieren Sie und stoppen das Gedankenkarussell, alles andere macht Sie nur unsicher und schwach. Formulieren Sie Ihre Gedanken beispielsweise in positive, konstruktive Sätze um und fangen gleich mal so an: Statt „Mir gelingt eben nie etwas!“ besser: „Jetzt weiß ich, wie ich es anders schaffen kann!“

Treffen Sie Ihre eigenen Entscheidungen

Der zweite Schritt auf dem Weg zu mentaler Stärke ist ebenfalls einfach. Es ist die Erkenntnis, dass Sie selbst am besten wissen, was gut für Sie ist. Man kann andere um Rat fragen, nur treffen Sie Ihre Entscheidung dann nach Ihrem Empfinden und nicht aus der Beeinflussung heraus. Dann haben Sie die gedankliche Freiheit ganz für sich und sind Ihr eigener Entscheidungsträger.

Akzeptieren Sie Veränderungen

Das ist für die meisten von uns schwer, da wir solche Gewohnheitstiere sind. Ändern Sie das einfach ab, denn Dinge werden sich immer verändern. Akzeptieren Sie das und verzweifeln nicht daran. Auch das hat mit der mentalen Stärke zu tun. So wie das Leben und die Natur sich verändern, so verändern Sie sich auch. Wie Sie sehen, geht die Manipulation nur mit Sinn und Verstand vonstatten und entsteht nicht aus dem direkten Handeln heraus. Sie brauchen die Fähigkeiten dazu, um zu wirken und zu bewirken.

Was steckt hinter einer manipulativen Persönlichkeit?

Gehören Sie auch dazu oder müssen Sie die Manipulation von Grund auf erlernen? Wir werden jeden Tag manipuliert, verändern uns in unserem Handeln und Denken und wir bemerken es nicht einmal. Wahrscheinlich nicht mal der, der manipuliert. Er setzt seinen Willen durch, mehr nicht. Eine Manipulation kann aber, wenn sie rein wissentlich betrieben wird, durchaus eine Kontrolle sein. Demzufolge gibt es die Täter und die Opfer, wenn die Manipulation nicht richtungsweisend, sondern rein negativ ist. Manipulierte Opfer gibt es mehr als genug. Menschen mit einer narzisstischen Persönlichkeitsstörung gehören dazu, sie gängeln ihre Mitmenschen regelrecht. Diese Menschen machen Angst und reden einem ständig drein. Sie sind respektlos und undankbar, bedrohlich und aggressiv. All das stellen diese Menschen dar.

Sind Sie aber ein Mensch, der selbst die Manipulation ausübt, dann sollten Sie nie so mit anderen umgehen. Das ist eher menschenverachtend als menschenwürdig. Dennoch kommen diese Menschen mit ihrer Manipulation sehr weit, da sie mit dem Wort Einschüchterung schon fast verheiratet sind und die manipulativen Handlungsweisen verinnerlicht haben. Dieses Verhalten ist fast mit dem einer Spinne und ihrem Netz vergleichbar: Sie wickelt ihre Beute ein, bis sie sich irgendwann von ihr ernährt. Somit rauben einem diese Menschen die letzte Energie. Doch trifft vielleicht ein Mensch wie Sie auf diese sehr manipulative Person, wendet sich das Blatt. Manipulieren können Sie auch und Sie gehen dieser Spinne auch nichts ins Netz. Dabei ist die Manipulation eine Zusammensetzung aus Politik, Soziologie und Psychologie. Eigentlich nichts Schlechtes und dennoch wird sie für viele Machenschaften angewandt. Doch genau Sie kennen sich aus und lassen sich schon lange nicht mehr manipulieren. Und wenn, dann nur noch im positiven Sinne gesehen. So ist auch ein manipulatives Verhalten nicht mit einer Persönlichkeit verbunden, denn sie hat viele Ausprägungen.

Und so funktioniert die Manipulation bei diesen Menschen, nehmen Sie sich also in Acht:
Es geht um die reine Einflussnahme, genau das macht die Menschen aus, die fast an einer Persönlichkeitsstörung leiden.

Die **Einflussnahme** läuft sehr häufig als synonymer Begriff für die Manipulation. Ihr fehlt allerdings der Aspekt der gezielten Ausnutzung und das ist bei der Manipulation der Fall. In der Politik würde man in diesem Zusammenhang von Propaganda sprechen. So dient die Manipulation der Politik zur Verbreitung des ideologischen Gedankenguts, wodurch die öffentlichen Sichtweisen der Bevölkerung beeinflusst werden sollen.

Die **emotionale Beeinflussung** widerstrebt unseren demokratischen Grundzügen, da wir als Mensch frei und autonom entscheiden wollen. Wir wollen Entscheidungen treffen, die aus unserer Vernunft und Leidenschaft entspringen. Dennoch kann eine fremde Einflussnahme Bestandteil davon sein. Wir werden schlichtweg manipuliert.

Menschen, die uns rein negativ beeinflussen, zwängen uns ein und machen uns auch klein. Lassen Sie sich von diesen Menschen nicht abschrecken und entschwinden aus deren Dunstkreis, denn diese Menschen verpesten die Luft.

Zweifeln Sie niemals an sich selbst, aber an den anderen

Selbstzweifel haben noch keinen weitergebracht, auch Sie nicht. Sie möchten manipulieren und stark sein, dann nehmen Sie Ihre Fähigkeiten mit an Bord. Lassen Sie Ihre Sinne walten und decken Unwahrheiten, Ungereimtheiten und Lügner auf. Meist geben die sich schnell und einfach durch ihr Abwehrverhalten preis. Mit der Manipulation können Sie diese Menschen relativ schnell entwaffnen. Sie haken nach und stellen vielleicht auch unangenehme Fragen und so manipulieren Sie wunderbar. Eine Waffe der Manipulation sollten Sie sich immer vor Augen halten: den Charme. Mit dem gelingt es Ihnen, in die Herzen der Menschen zu sehen. Denn diese öffnen sich und lassen Sie nah an sich heran. Auch das kann die Manipulation bewirken. Mit dem gewissen Charme ans Ziel kommen und sich ganz dem Wesentlichen präsentieren. Legen Sie sich mit Ihrem Naturell ins Zeug und auch Sie werden begeistert von sich sein:

- Machen Sie einer Person Komplimente, bevor Sie sie um etwas bitten.
- Tun Sie der Person ganz charmant einen Gefallen, das verpflichtet und kann zu Ihrem Vorteil werden.
- Bleiben Sie charmant, höflich, aber auch reserviert, so kann Sie das Gegenüber nicht wirklich einschätzen.
- Setzen Sie Ihren Charme immer gezielt ein.

Wehren Sie sich aber selbst gegen den Charme der anderen, denn eigentlich wollen die etwas. Sagen Sie ruhig mal Nein und nicht gleich Ja, nur da das Gegenüber mit Charme glänzt. Sie kennen die Waffen der Manipulation ganz genau und lassen sich nicht so einfach über den Tisch ziehen. Achten Sie ebenso auf die Rollenmuster und die könnten so aussehen:

Ein Rollenbeispiel

Eine Person versucht, Sie zu manipulieren, und tritt als der Märtyrer in Form eines helfenden, gutmütigen und aufopferungsvollen Menschen, auf. Er baut Sympathie und Mitgefühl auf und versucht sogleich, Ihre Schwächen zu eruieren. Manipulative Menschen erkennen Ihre Schwäche sofort und reagieren demzufolge mit einer emotionalen Erpressung. Genau das soll bei Ihnen ein Gefühl der Minderwertigkeit erzeugen. Fallen Sie erst gar nicht darauf rein, denn manipulieren können Sie selbst. Sie müssen sich weder unter Beweis stellen noch in die Opferrolle fallen, Sie müssen sich nur solche Menschen vom Leibe halten.

Wer manipuliert, plaudert auch gerne aus dem Nähkästchen und bringt sogar seine Geheimnisse an den Mann. Nur bitte fallen Sie auf solche Kandidaten nicht herein. Entweder möchten diese Menschen Ihnen etwas entlocken oder einen unechten Perserteppich andrehen. Hören Sie auf Ihre innere Stimme und meiden diesen Typ Mensch. Diese machen meist nur Kummer und Sorgen. Zweifeln Sie daher nicht an sich, sondern an den anderen.

Es gibt ja Menschen, die reden einem alles ein. Wie schlecht die Welt ist, wie teuer das Benzin und dass das Leben zu kurz ist. Wehren Sie solche Situationen im Vorfeld ab und lassen solche Menschen nicht groß zu Wort kommen. Manipulieren lieber Sie ein wenig und bringen die Katastrophen der Erde auf den Plan. So haben Sie diesen Menschen gekonnt überlistet und mit seinen eigenen Waffen geschlagen. Seien Sie daher immer frei in Ihren Entscheidungen und lassen sich nicht groß auf solche Spielchen ein. Stellen Sie sich Ihren Entscheidungen. Denken Sie darüber nach, ob Sie diese auch von sich aus getroffen haben, und stellen sich folgende Fragen dabei:

- Habe ich die Entscheidung allein getroffen?
- Unterliege ich bei meiner Entscheidung einem Druck von außen?
- Beeinflusst mich die Meinung von jemandem immer besonders?
- Habe ich Angst, jemanden mit meiner Entscheidung zu enttäuschen?

- Drohen mir Konsequenzen, wenn meine Meinung anders ausfällt?
- Bin ich frei in meiner Entscheidung und kann schalten und walten, wie ich will?
- Wird meine Entscheidungsfreiheit respektiert oder zwängt mich jemand ein?

Treffen diese Fragen zu, dann ist das ein Hinweis darauf, dass Sie in Ihrer Entscheidungsfreiheit beeinflusst werden. Sie achten nicht mehr auf die eigenen Bedürfnisse und Gefühle und diese sind in dem Fall für die andere Person sekundär. Im Zentrum eines Manipulators steht immer das eigene Wohlergehen.

Wie wehre ich eine Beeinflussung ab?

Vertrauen Sie in erster Linie auf Ihr Urteilsvermögen und lassen nicht über Ihren Kopf hinweg entscheiden. Vertrauen Sie auf Ihren gesunden Menschenverstand und reflektieren Sie den Sachverhalt noch mal ganz genau. Niemand nimmt Ihnen die Entscheidung ab, wenn diese in die Hose geht. Es gibt sehr gute Gründe, die Dinge immer von zwei Seiten zu sehen. Erst wenn Sie von einer Meinung überzeugt sind, dann sollten Sie diesen Weg auch gehen.

Ebenso sollten Sie sich respektvoll behandeln und sich in nichts einzwängen lassen. In unserer heutigen Zeit gibt ein respektvoller Umgang den Ton an, auch bei der Manipulation. Ob in der Liebe oder im Beruf, der Ton macht die Musik.

Wie manipuliere ich mich zum Erfolg?

Erfolg macht nicht nur sexy, er macht auch reich und Sie möchten sicher dazugehören. Um dazuzugehören, benötigt es Mittel, und die sehen so aus: Sie brauchen die gewisse Intelligenz, ein seriöses Aussehen, eine gute Portion Know-how und die Manipulation. Dann kann es auch schon losgehen und Sie werfen ganz gezielt die Angeln aus.

Sind Sie in einem Unternehmen nur der kleine Mann, dann manipulieren Sie sich aber ganz schnell nach oben. Das hat jetzt nichts mit den bekannten Überstunden zu tun. Sie legen sich anderweitig ins Zeug, und zwar mit Ihrer Manipulation. Sie sollten allerdings einen guten Draht zum Chef haben.

Eruieren Sie im Vorfeld, welche Position Ihnen im Unternehmen denn gefällt. Die vom Chef ist leider schon besetzt. Aber die darunter sind noch frei. Arbeiten Sie nun mit Ihrem Wissen eine Strategie aus, die ganz auf Sie bezogen ist, und lassen dabei Ihre Qualifikationen still und heimlich einfließen. Es gibt immer eine Abteilung, in der es brennt, und die nehmen Sie sich vor. Sie möchten die Führungskraft oder ein Abteilungsleiter werden, dann lassen Sie sogleich Ihre Fähigkeiten walten. Lassen Sie Ihre Ideen und Neuerungen sprießen, natürlich so rein zufällig, und schlagen etwaige Verbesserungen vor. Schnell wird man auf Ihre Dienste zurückgreifen und Sie zu einem Gespräch einladen. Positive Veränderungen sind in jeder Firma gerne gesehen und auch erwünscht. Gerade, wenn es um eine Kosteneinsparung und neue Objekte geht. Oder wie kann man schnell und einfach die Verkaufszahlen toppen? Sie haben bei diesen Möglichkeiten die freie Hand.

Wirken Sie aber unauffällig, dezent und lassen Ihre Idee nur so nebenbei einfließen. Damit haben Sie den Fisch an der Angel und machen sich sogleich interessant. Das ist zwar reine Manipulation, aber noch niemandem so richtig aufgefallen. Auch der Chef geht Ihnen schön auf den Leim und hängt förmlich an Ihren Lippen. Ihre

Veränderungsperspektiven und Ihr Führungspotenzial sind einfach genial. Schnell bekommen Sie den Zuschlag für die Position. Jetzt heißt es aber, sich zu beweisen, und auch das ist Manipulation. Nicht nur den Fisch an der Angel zu haben, sondern ihn auch gut zubereiten zu können. Die neue Position soll Ihr Lebenswerk sein und gibt Ihnen die Macht und mehr Geld. Genau das ist die Kunst der Manipulation.

Tipps und Tricks dazu:

- Treten Sie dezent und mit Perspektiven in den Vordergrund.
- Treten Sie seriös auf.
- Werden Sie nicht zum Plaudertäschchen, das kommt nie gut an.
- Bleiben Sie auf dem Teppich.
- Bringen Sie Ihre Ideen und Vorschläge ein.
- Zeigen Sie Ihre Fähigkeiten auf.
- Arbeiten Sie stets firmenbezogen.
- Sparen Sie Kosten ein.
- Legen Sie sich für Ihr Team ins Zeug.
- Seien Sie loyal und aufgeschlossen.

Vieles davon ist reine Manipulation und die hat es in jedem Bereich in sich. Je engagierter Sie auftreten, desto weniger kommen die anderen darauf. Bringen Sie sich mit Ideen ein, hören Sie zu und werden Sie zum besten Freund der Kollegen. Dann haben Sie auch noch den Sympathiebonus intus. Sie sind dann ein Mensch, auf den man nicht mehr verzichten kann. Das auch rein menschlich gesehen und von Ihrem Wissen mal ganz zu schweigen. Sie bringen neuen Wind ins Büro und Sie manipulieren sich klammheimlich zum Erfolg. Diese guten Eigenschaften kann die Manipulation bewirken.

Die Manipulation und NLP

Das Neuro-Linguistische Programmieren ist seit Langem an der Macht und gibt der Manipulation wohlwollend die Hand. Gerade die vielen Führungskräfte profitieren davon und das können Sie auch. Selbst beim Flirten kommt diese Methode gut an. Denn NLP, so die Kurzform, hilft, unsere Verhaltensweisen zu ändern, denn manchmal liegen wir einfach falsch und wir stehen uns nur selbst im Weg. Das kann sich mit NLP schlagartig ändern, denn es dient auch der Manipulation. Sie verändern sich und andere dadurch und Ihre Kommunikation flutscht sogar. Ihnen merkt keiner mehr irgendwelche Unsicherheiten an. Sie haben den Faden in der Hand. Sie sind ein Meister im Tarnen und Täuschen, der Redekunst und der Manipulation.

Das macht unsere Welt heute aus, wir sind berechnender, zielstrebiger und leistungsorientierter geworden. Die gute, alte Zeit ist schon lange dahin. Wir sind heute nicht mehr mit jedem gut Freund, wir möchten uns beweisen und den Ruhm in der Nase haben. Darauf legen wir heute wert und wir möchten andere beherrschen. Das ist unser Ziel und so entwickelten sich die ersten Züge von NLP bereits in den 70er-Jahren und wurden am Anfang auf unsere Verhaltensweise, die Kommunikationstechniken und die Behandlungsmethoden ausgelegt. Nach und nach wurden die Details spezifisch gespalten und heute geht es mehr um das Verhalten und die Kommunikation. Das Angebot wurde aber im Laufe der Zeit erweitert und so steht NLP in vielen Bereichen des Lebens parat. Es geht zum einen um das Nervensystem (Neuro) und zum anderen um die Sprache (Linguistik). Aber auch um die Veränderung (Programmieren) und wie man die Wahrnehmung der Menschen beeinflusst. So wird bei vielen von uns die Sinneswahrnehmung in den Fokus des Geschehens gestellt. Eine gute Methode, denn wird der Mensch bei seinen Sinnen gepackt, kommt er nicht mehr aus. Er lässt sich schneller leiten, führen und manipulieren, und wer das kann, der hat die Macht.

Schauen Sie sich doch die Verkaufsstrategen an, die Menschen lesen ihnen von den Lippen ab. Sie können sich so gut präsentieren und manipulieren, da fallen viele vom Glauben ab. Denn selbst können Sie das nicht. Was wir nicht können, das macht uns entweder Angst oder beeindruckt uns. Dennoch kann jeder von uns diese Methode anwenden und damit sehr gut manipulieren. So setzt sich das Puzzle von NLP zusammen. Vom DVNLP, dem Deutschen Verband für Neuro-Linguistisches Programmieren, werden diese wie folgt zusammengefasst: Hier ein sehr interessanter Auszug dazu:

1. Jeder Mensch ist einzigartig und nimmt die Welt auf eine andere Weise wahr. So lebt jeder auf seine ganz spezielle Art.
2. Geist, Körper und Umwelt können sich gegenseitig beeinflussen. Ihr Handeln kann Ihre Denkweise beeinflussen. Auch Ihre Gedanken können auf Ihr Empfinden wirken.
3. Alles ist Kommunikation, auch Schweigen.
4. Die Reaktion des Empfängers zeigt die Bedeutung von Kommunikation.
5. Jeder Mensch bildet sich durch seine Erfahrungen eine ganz eigene Vorstellung von der Welt und handelt nach seiner Realität.
6. Es ist immer besser, genügend Wahlmöglichkeiten beziehungsweise Handlungsoptionen zu haben, da dadurch eine höhere Chance besteht, das gewünschte Ziel zu erreichen.
7. Der Mensch trifft für sich immer die beste Wahl aus den Möglichkeiten, die in seiner Wahrnehmung bestehen. Er verhält sich immer auf die bestmögliche Weise im Rahmen seiner Möglichkeiten.
8. Die Verhaltensweisen eines Menschen ergeben in seiner Weltwahrnehmung immer einen Sinn und sind die Folge einer positiven Absicht.
9. Egal wie sich der Mensch verhält, sein Verhalten ist ihm immer von Nutzen.
10. Alles, was für eine Veränderung nötig ist, trägt der Mensch bereits in sich. Er hat die Fähigkeit, neue Dinge zu erlernen und gewohnte Verhaltensmuster zu ändern.
11. Sie können nicht versagen, nur Feedback erhalten.
12. Sind Sie mit einer Methode nicht erfolgreich, probieren Sie eine andere aus. Wenn Sie flexibel sind, werden Sie auch erfolgreich sein.

Ein gelungenes Gesamtkonzept, das den Grundstein für Ihr Leben legt. Sie können das Gegenüber so wunderbar beeinflussen. Ebenso können Sie sich Herausforderungen besser stellen und reagieren flexibler und effizienter auf Veränderungen. Auch bleiben Sie offen für Neues und schmettern Veränderungen nicht gleich im Vorfeld ab. Gehen Sie zu Ihrer Manipulation auch auf die verschiedenen Techniken ein, damit Sie motivierter ans Werk gehen. NLP schließt die Sinne des jeweiligen mit ein und lässt den Menschen niemals außen vor. Somit erhalten Sie das umfangreiche Potenzial, das auch Ihnen zu mehr Macht und Erfolg verhilft. Damit tauchen Sie jetzt in die Welt von NLP ein. Hier ein sehr guter Auszug dazu, der sehr hilfreich sein kann. Dieser ist auch mit einigen Übungen versehen: www.lernen.net.de. Dies kann auch Ihnen die Schritte und Techniken gut erklären:

Sinneswahrnehmungen

Sehen, Riechen, Schmecken, Tasten und Hören – das sind die fünf Sinne, mit denen der Mensch die Welt wahrnimmt. Mit diesen Sinnen ist es möglich, äußere Einflüsse aufzunehmen und sie abzuspeichern. Das macht sich das Neuro-Linguistische Programmieren zunutze. Hier werden die Sinne jedoch anders bezeichnet und als VAKOG abgekürzt:

- **V**isuell = Sehsinn
- **A**uditiv = Hörsinn
- **K**inästhetisch = Tastsinn/ Spüren, auch inneres Empfinden
- **O**lfaktorisch = Geruchssinn
- **G**ustatorisch = Geschmackssinn

NLP geht davon aus, dass jeder Mensch bestimmte Sinne bevorzugt. Häufig sind dies visuelle und auditive Präferenzen oder visuelle und kinästhetische Tendenzen, die ein Mensch am häufigsten zur Wahrnehmung gebraucht.

Gefühle verankern

Manche Sinneseindrücke lösen Gefühlsreaktionen aus, da sie eine Erinnerung wachrufen. Die meisten Menschen verbinden beispielsweise den Geruch von Zimt mit Weihnachten, einen Song mit einer bestimmten Person oder ein Kleidungsstück mit einer gewissen Situation. Darauf baut NLP auf, denn es nutzt dieses Phänomen, um bestimmte Reaktionen durch einen Auslöser, einen Anker, heraufzubeschwören. Dieser Auslöser kann aus den verschiedenen Sinnen entspringen. Es kann sich sowohl um ein Bild, ein Geräusch oder einen Geruch als auch um eine Berührung handeln. Jeder Sinneseindruck kann dem Menschen als Anker dienen. Sie sorgen dafür, dass Gefühle und Gedanken bewusst beeinflusst werden können. Einige Sinneseindrücke lösen bereits Konnotationen aus, andere können bewusst geschlossen und je nach Situation genutzt werden. So können bestimmte Gefühle bewusst ausgelöst werden.

Übung: Damit Sie ein Gefühl verankern können, müssen Sie dieses zuerst in einer gewissen Stärke in Ihnen auslösen. Möchten Sie beispielsweise das Gefühl der Freude in sich verankern, sollten Sie an eine Situation denken, die Ihnen viel Freude bereitet hat. Versuchen Sie, sich währenddessen zu entspannen und ganz auf das Gefühl zu konzentrieren.

Das Gefühl sollte immer stärker werden. Es hilft, wenn Sie sich die Situation genau vor Augen führen. Schließen Sie die Augen und versuchen, sich ein detailliertes Bild zu schaffen. Wie sah die Umgebung aus, als Sie Freude empfunden haben? Wonach hat es gerochen? Erinnern Sie sich an eine Stimme, die damals sprach? Wenn das Gefühl stärker wird, halten Sie die Empfindung fest und spüren nach. Genießen Sie die Freude, die in Ihnen wächst.

Wenn Sie glauben, dass das Gefühl am stärksten ist, können Sie den Anker setzen. Das heißt, Sie machen eine bestimmte Geste, sagen ein bestimmtes Wort oder berühren sich an einer bestimmten Körperstelle. Wichtig ist, dass der Anker etwas Besonderes ist, also nicht so leicht verwechselt werden kann. So können Sie ihn gezielt einsetzen, wenn Sie das Gefühl der Freude hervorrufen möchten. Bei einer Berührung sollten Sie darauf achten, dass es eine Stelle ist, die Sie nicht aus Gewohnheit oft berühren, wie zum Beispiel der Arm. Trotzdem sollten Sie darauf achten, dass Ihr Anker leicht durchzuführen ist.

Nun können Sie Ihren Anker testen. Lösen Sie sich von dem Gefühl der Freude und denken an etwas anderes. Wenn Sie so weit sind, können Sie den Anker auslösen. Spüren Sie Freude, hat der Anker funktioniert. Funktioniert Ihr Anker noch nicht, können Sie den Prozess so lange wiederholen, bis er die gewünschte Gefühlsregung auslöst. Manchmal ist ein Gefühl schon nach einem Mal verankert. In anderen Fällen brauchen Sie mehrere Anläufe, um ein Gefühl mit einem Sinneseindruck zu verankern.

Entspannungstechniken

Entspannung spielt im Neuro-Linguistischen Programmieren ebenfalls eine große Rolle. Viele Menschen haben Probleme, abzuschalten und sich zu entspannen. Entspannungstechniken, die im NLP angewandt werden, können schon nach kurzer Zeit zu einer verbesserten Entspannung führen und Stress reduzieren.

Oft wird Visualisierung zur Entspannung genutzt. Das heißt, dass Sie sich einen Ort vorstellen, der eine besonders beruhigende Wirkung auf Sie hat. Dies kann beispielsweise ein ruhiger Ort in der Natur sein – ein Wald, ein Strand oder eine sternklare Nacht. Wichtig ist, dass Sie sich ganz auf Ihr inneres Bild konzentrieren und sich diesen Ort mit all Ihren Sinnen vorstellen. Dazu gehört beispielsweise der Tannenduft des Waldes oder das Gefühl von Salz auf Ihrer Haut am Strand. Diesen Entspannungszustand nennt man Trance.

Selbsthypnose

Auch Selbsthypnose wird im NLP zur Entspannung genutzt und kann dafür sorgen, dass Sie konzentrierter an Herausforderungen herangehen. Bei der Selbsthypnose haben Sie die Möglichkeit, die Tür zu Ihrem Unterbewusstsein zu öffnen, zu dem Sie sonst weniger Zugang haben. Ihr Bewusstsein sorgt dafür, dass Sie im Alltag funktionieren. Es kann in manchen Dingen allerdings hinderlich sein, beispielsweise können durch Ihr bewusstes Denken Zweifel an Ihrer Persönlichkeit laut werden. Im Unterbewusstsein existieren diese Zweifel nicht.

Schon in ganz alltäglichen Situationen geraten Sie immer wieder in eine Selbsthypnose. Es reicht schon, wenn Sie gedankenverloren aus dem Fenster schauen oder ganz gespannt einen Film angucken. Diese Zustände kann man bereits als Selbsthypnose bezeichnen. Affirmationen sind ebenso eine gute und leichte Möglichkeit, Ihr Unterbewusstsein zu erreichen. Die laut ausgesprochenen oder in Gedanken formulierten Sätze mit positivem Inhalt finden bei ständiger Wiederholung den Weg in Ihr Unterbewusstsein und setzen sich dort fest, sodass Sie Ihre Fähigkeiten beeinflussen können. Selbsthypnose ist vor allem dann wirkungsvoll, wenn Sie in einen gewissen Flow kommen möchten, beispielsweise, wenn Sie etwas schreiben und in einen Schreibfluss geraten wollen. Ähnlich wie bei der Verankerung können Sie dies auch mit Ihrem Trancezustand machen. Sagen Sie beispielsweise ein bestimmtes Wort oder machen eine spezielle Geste, können Sie sich so innerhalb von Sekunden in Selbsthypnose versetzen.

Übung: Entspanne Sie sich. Wenn Sie sich vollkommen gelassen fühlen, malen Sie sich eine Situation aus, in der Sie sich vollständig im Flow befinden, beispielsweise, wie Sie am Schreibtisch sitzen und konzentriert einen Aufsatz schreiben. Wichtig ist, dass Sie mit all Ihren Sinnen dabei sind. Sie sollten sich selbst als Protagonist eines Films sehen, in dem Sie diesen Aufsatz schreiben. Diesen Zustand nennt man dissoziierte Erinnerung.

Nun stellen Sie sich dieselbe Szene vor. Dieses Mal sehen Sie sich jedoch nicht, sondern sind der Protagonist selbst. Versuchen Sie, mit all Ihren Sinnen in die Rolle zu fühlen. Was sehen Sie? Was riechen und spüren Sie? Dieser Zustand wird assoziierte Erinnerung genannt. Wenn Sie merken, dass Sie sich voll und ganz im Flow befinden, können Sie einen Anker setzen. Dann kehren Sie in die Gegenwart zurück, indem Sie sich beispielsweise bewegen.

Es ist die Selbsterkenntnis und ohne die geht nichts im Leben. Es ist unsere Fähigkeit, zu hinterfragen und einiges realistisch-kritisch zu betrachten. Es geht eigentlich darum, warum wir etwas tun und welche Gründe und Emotionen uns antreiben. **Ebenso sollten Sie sich folgende Fragen stellen:**

- Was kann ich gut, was eher nicht?
- Welchen Anteil hatte ich an den Fehlern, aber auch an den Erfolgen der Vergangenheit?
- Was ist mir wirklich wichtig?
- Was fehlt mir im Leben? Warum sorge ich nicht dafür, dass ich es bekomme?

Die Selbsterkenntnis ist ein wichtiger Aspekt in der Manipulation, denn nur das Zusammenwirken und der Einklang bewirken ein ordnungsgemäßes Tun und Handeln. Selbstzweifel sind dabei fehl am Platz. So geht es bei der Selbstreflexion um unser inneres Wachstum und im Endeffekt darum, aus unseren Fehlern zu lernen. Sie stärken sich mit der Selbstreflexion und bereiten sich auf die Manipulation vor. Nur wer gefestigt ist, der kann von der Manipulation profitieren. Dazu nachfolgend ein paar Tipps zur Selbstreflexion und wie Sie sich selbst künftig besser wahrnehmen. Denn eines ist bei der Manipulation sehr wichtig: Sie müssen Entscheidungen treffen und wissen, was Sie wollen.

Selbstreflexion braucht Zeit

Wenn Sie sich vorstellen, mit ein paar Übungen in den nächsten drei Wochen sei alles getan, dann irren Sie sich leider. Die Selbstreflexion ist ein langwieriger Lernprozess, der unter Umständen viele Jahre dauert und auch nur langsam und schrittweise vorangeht. Sie müssen für diesen Weg viel Zeit einplanen und er stellt im Wesentlichen ein Puzzle dar. So müssen Sie sich über die Zeit hinweg die kleinen Teilchen zusammensetzen. Sie möchten sich ja mit sich auseinandersetzen und selbstbewusster werden. Dann kann auch die Manipulation ganz zu Ihrem Vorteil werden, da sie eine gewisse Führung benötigt. Also legen Sie Schritt für Schritt los und kommen dann über die Zeit hinweg an das ersehnte Ziel.

Grundvoraussetzung: Ruhe

Um zu beginnen, benötigen Sie Ruhe, und das ohne anstehende Termine und den üblichen Alltagsstress. Sonst wird das ein Satz mit X. Dann sollen Sie sich nur mit sich selbst beschäftigen und keine Verpflichtungen und Termine eingehen. Schaffen Sie sich daher ein Zeitfenster, das Ihnen diese Entspannung und Ruhe gibt.

Üben Sie regelmäßig und schaffen Routinen

Man benötigt mindestens einen Monat, bis eine Handlung zur Routine geworden ist. Das Thema Selbstreflexion kann langwierig sein. Legen Sie sich zudem feste Gewohnheiten zu.

Reflektieren Sie Ihre herausfordernden Situationen

Denken Sie über jede Situation im Leben nach, die kann nun gut oder schlecht sein. Haken Sie nach, warum etwas nicht funktioniert, und leiten Sie Schritte bei einem Misserfolg ein. Nur schauen Sie nicht einfach weg und beschäftigten sich mit Ihren Dingen, negieren das Negative nicht und blenden es nicht aus. So sind Sie auch für die Manipulation stark, lernen aus Erfolgen wie aus Niederlagen und können all das leichter bewältigen. Stellen Sie sich auch Fragen, warum etwas dazu geführt hat.

Bereiten Sie sich auf Herausforderungen vor!

Selbsteinschätzung hilft auch beruflich

Wer sich selbst wahrnimmt und am besten kennt, der kann auch die Krisen des Lebens bestens bewältigen. Das liegt an der Auseinandersetzung mit sich selbst und dem Problem, dass Sie sich besser kennen als zuvor und auch besser einschätzen können. Auch Konfliktgespräche sind dann kein Thema mehr für Sie, denn Sie stehen

Ihren Mann. Gerade beruflich sind Sie nun kein Ja-Sager mehr, manipulieren und stellen sich ins Rampenlicht. Nur so treten Sie auch aus Ihrem Schatten hervor. Nehmen Sie sich daher immer Zeit für sich und hören Sie gut in sich rein. Sie habe mehr zu sagen, als Sie denken.

Nehmen Sie sich selbst ernst

Wenn Sie sich nicht ernst nehmen, warum sollten es die anderen dann tun? Nehmen Sie sich wahr und empfinden sich. Daher, wer sich selbst ernst nimmt, wird auch wahrgenommen, so einfach ist das.

Seien Sie ehrlich

Die Selbstreflexion ist das genaue Gegenteil von Selbstbetrug. Es geht ja nicht darum, sich möglichst gut dastehen zu lassen. Es geht vornehmlich darum, möglichst viel über sich selbst herauszufinden.

Seien Sie gnädig mit sich selbst

Gehen Sie nicht ständig ins Gericht mit sich, das macht nur unsicher und hart. Sie machen sich schlecht und Ihre Seele liegt blank, das baut keinen Menschen auf Dauer auf. Nehmen Sie sich wahr, seien Sie gnädig mit sich und gehen liebevoll mit sich um. Das haben Sie auch verdient.

Gleichen Sie die Innen- und Außenwahrnehmung ab – aber vorsichtig!

Es kann leicht sein, dass Ihre Wahrnehmung von sich selbst stark von der Außenwahrnehmung anderer abweicht. Daher benötigen Sie Menschen, die es gut mit Ihnen meinen und die Sie in- und auswendig kennen. Fragen Sie diese Menschen, wie sie Sie einschätzen würden. Dann wissen Sie prompt und ehrlich über sich Bescheid.

Beginnen Sie nun mit ein paar Übungen

Lassen Sie am Abend den Tag Revue passieren und leiten so die Selbstreflexion ein. Gehen Sie aber auch nicht grübelnd ins Bett und werten Sie nicht jedes Problem. Überfliegen Sie das Ganze nur. Das zeigt schon mal den Ist-Zustand in Ihrem Leben auf und bereitet Sie auf die Manipulation vor, denn für die müssen Sie stark und unanfechtbar sein.

Verwenden Sie ein Tagebuch, so wie in der guten alten Zeit, und schreiben sich die täglichen Fragen auf, aber auch Erfolge und Anregungen, um sich selbst zu hinterfragen.

Führen Sie Selbstgespräche, Sie erfahren manchmal mehr, als Sie denken.

Meditieren Sie, das macht glücklich und frei und bringt Ruhe und Entspannung mit sich. Ebenso gewinnen Sie Selbsterkenntnis über sich und sind mit sich im Reinen. Es geht beim Meditieren nicht nur um das reine Nachdenken, das sollen Sie gar nicht, es geht um das In-sich-Gehen, das Loslassen und nicht um Wertung. Das macht vogelfrei und schenkt Ihnen eine wohlige Atmosphäre. Damit sind Sie bereit für die Manipulation, die Ihnen die neuen Wege im Leben aufzeigt.

Nehmen Sie alle positiven Parameter auf, ob es die Mediation, das autogene Training oder auch die Hypnose ist, es muss Ihnen guttun. Die Manipulation alleine nützt Ihnen nichts – Sie brauchen einen psychisch gefestigten Hintergrund, dann sind Sie auch jederzeit bereit, Ihre Lebensziele ins Auge zu fassen.

Schlussteil

Wer manipuliert, der gewinnt, und auf dieser Seite möchten auch Sie stehen. Auf der Gewinnerseite, die einem das Leben einfacher und lebenswerter macht. Demzufolge nehmen Sie die Manipulation bei der Hand und lassen sich führen und leiten. Sie kann ein guter Ratgeber sein und hilft Ihnen, die Karriereleiter zu erklimmen. Dennoch sollten auch Sie die Manipulation nicht übertreiben.

Sie ist kein Spielball, sondern ein Mittel der Macht, und Sie kann auch negativ eingesetzt werden. Manipulieren Sie immer zu Ihrem Vorteil, aber nicht, um anderen Menschen wissentlich zu schaden. Das liegt nicht im Sinne der Manipulation.

Verstehen Sie dieses Machtmittel als ein Sprungbrett für Ihren Erfolg und lernen Sie mit gewissen Techniken, schneller ans Ziel zu gelangen. Ganz nach dem Motto „Die Abkürzung ist der bessere Weg“. Wer manipuliert, ist ein Strippenzieher, und die anderen sind die Marionetten. Lernen Sie aus der Manipulation heraus, Menschen zu lenken und zu leiten, und fokussieren Ihre Absicht und Ihren Plan. Nur so erlangen Sie Ansehen und Respekt, denn auch das kann die Manipulation bewirken. Sie haben die Fäden in der Hand und halten ein Buch in Händen, das Ihnen neue und interessante Thesen und Fakten aufzeigt. Die Manipulation ist so alt wie die Menschheitsgeschichte selbst, Sie müssen diese nur ganz für sich entdecken. Dann haben Sie das Mittel der Wahl gefunden und starten mit der Manipulation und deren ausgeklügelten Techniken durch.

Schlusswort

Ich spreche meinen Dank für den Kauf meines Buches aus und wünsche Ihnen viel Erfolg auf Ihren Wegen. Nehmen Sie die Manipulation als Richtungsweiser an und überdenken Sie Ihr Leben neu. Läuft es in den richtigen Bahnen und sind Sie bereit für einen Neuanfang? Denn auch das kann die Manipulation bewirken.

Die Manipulation verändert, stellt viele Dinge in den Schatten, und Sie lernen, sich neu zu orientieren. Sie setzen sich mehr durch, fordern mehr ein und Sie werden akzeptiert und wahrgenommen. Dann kommen endlich auch Sie aus sich heraus und lassen auch ein Stück weit die Unsicherheit hinter sich.

Lernen Sie mit jedem Schritt der Manipulation, mehr Selbsterkenntnis zu erreichen und Menschen besser zu lesen. Sie durchschauen schneller und einfacher gewisse Handlungsabläufe, hinter den Fassaden des Scheins und Seins. Ihnen kann keiner mehr das Wasser reichen, denn Sie, Sie haben für sich die Manipulation entdeckt.

Learning by doing sozusagen. Sie haben die Macht, mit der Manipulation viele Dinge und Situationen ganz für sich zu gewinnen. Ich wünsche Ihnen viel Glück – und lassen Sie sich im Leben niemals unterkriegen.

Die schönsten Zitate über Manipulationstechniken

Man kann die Menschen sehr leicht durch tolle und ungeschickte Darstellungen irre machen; aber man lege ihnen das Vernünftige und Schickliche auf eine interessante Weise vor, so werden sie gewiss danach greifen.

Johann Wolfgang von Goethe (1749 - 1832), gilt als einer der bedeutendsten Repräsentanten deutschsprachiger Dichtung
Quelle: Goethe, Wilhelm Meisters Lehrjahre, 1795/6. 5. Buch, 16. Kap.

Die Frau, die ihren Mann nicht beeinflussen kann, ist ein Gänschen; die Frau, die ihn nicht beeinflussen will – eine Heilige.

Marie von Ebner-Eschenbach (1830 - 1916), Marie Freifrau Ebner von Eschenbach, österreichische Erzählerin, Novellistin und Aphoristikerin
Quelle: Ebner-Eschenbach, Aphorismen, 1911. Originaltext

So etwas wie einen guten Einfluss gibt es nicht. (...) Jeder Einfluss ist unmoralisch – unmoralisch vom wissenschaftlichen Standpunkt aus. (...) Weil einen Menschen beeinflussen so viel bedeutet, wie ihm die eigene Seele geben. Er denkt nicht mehr seine natürlichen Gedanken oder entflammt in seinen natürlichen Leidenschaften. Seine Tugenden gehören in Wahrheit nicht ihm. Seine Sünden, wenn es so etwas wie Sünden gibt, sind geborgt. Er wird das Echo der Musik eines anderen, der Darsteller einer Rolle, die nicht für ihn geschrieben wurde. Das Ziel des Lebens ist Selbstentfaltung. Seine eigene Natur vollständig verwirklichen – das ist es, wozu jeder von uns da ist. Heutzutage haben Leute die Angst vor sich selbst. Sie haben die höchste aller Pflichten vergessen, die Pflicht, die man sich selbst schuldig ist.

Oscar Wilde (1854 – 1900), eigentlich Oscar Fingal O'Flahertie Wills, irischer Lyriker, Dramatiker und Bühnenautor

Der Edle kann diejenigen beeinflussen, die über ihm stehen. Der kleine Mann nur diejenigen die unter ihm stehen.

Konfuzius (551 – 479 v. Chr.), latinisierter Name für Kongfuzi, K'ung-fu-tzu, »Meister Kong«, eigentlich Kong Qiu, K'ung Ch'iu, chinesischer Philosoph

Einfluss in der Politik: ein visionäres Quo, dass gegen ein handfestes Quid eingetauscht wird.

Ambrose Gwinnett Bierce (1842 – 1914), genannt Bitter Pierce, US-amerikanischer Journalist und Satiriker

Jeder von uns wird mehr oder weniger beeinflusst von dem intellektuellen Medium, in dem er sich vorzugsweise bewegt.

Friedrich Engels (1820 – 1895), deutscher Philosoph und sozialistischer Politiker, gemeinsam mit Karl Marx auch Autor

Quelle: Engels, Briefe. An Pjotr Lawrowitsch Lawrow, 12.-17. November 1875

Man muss die Leute an ihren Einfluss glauben lassen – Hauptsache ist, dass sie keinen haben.

Ludwig Thoma (1867 – 1921), deutscher Erzähler, Dramatiker und Lyriker

Menschen, die Einfluss auf andere haben wollen, müssen sich sehr hüten, viel gesehen zu werden. Ich bin von beinahe jedem Menschen berühmter Art, die ich kennenlernte, ein wenig enttäuscht worden.

Carl Hilty (1831 – 1909), Schweizer Staatsrechtler und Laientheologe

Quelle: Hilty, Bausteine. Aphorismen und Zitate aus alter und neuerer Zeit, gesammelt von Prof. Dr. C. Hilty, Verlag Edward Erwin Meyer, Leipzig 1910

Man verdirbt einen Jüngling am sichersten, wenn man ihn anleitet, den Gleichdenkenden höher zu achten als den Andersdenkenden.

Friedrich Wilhelm Nietzsche (1844 – 1900), deutscher Philosoph, Essayist, Lyriker und Schriftsteller

Quelle: Nietzsche, Morgenröte. Gedanken über die moralischen Vorurteile, 1881

In den meisten Fällen unterliegt gewöhnlich das gemeine Beste dem Einfluss von Sonderinteressen.

Sallust (86 – um 35 v. Chr.), eigentlich Gaius Sallustius Crispus, römischer Geschichtsschreiber und Politiker

Wir leben in einer Welt voll Elend und Unwissenheit, und es ist die offenbare Pflicht eines jeden zu versuchen, ob der kleine Winkel, auf dem er Einfluss haben mag, etwas weniger elend und unwissend machen kann als er war, ehe er dahin eintrat.

Thomas Henry Huxley (1825 – 1895), englischer Zoologe, erster Anhänger Darwins, übertrug dessen Abstammungslehre auch auf den Menschen, Prof. u.a. am Royal College of Surgeons

Wo ich nicht mit Folge wirken, fortgesetzt Einfluss üben kann, ist es geratener, gar nicht wirken zu wollen.

Johann Wolfgang von Goethe (1749 – 1832), gilt als einer der bedeutendsten Repräsentanten deutschsprachiger Dichtung
Quelle: Goethe, Gespräche. Mit Friedrich von Müller, zeitlich ungewiss

Je älter wir werden, desto mehr erkennen wir, dass der Geist der Weisheit der Geist der Liebe ist, dass die Liebe das wahre Mittel ist, wodurch wir Einfluss auf unsere Mitmenschen gewinnen. Das ist schwer zu erlernen, und alle, die diese Belehrung empfangen, erhalten sie gewöhnlich zu spät.

Charles Kingsley (1819 – 1875), englischer Pfarrer, Historiker und Schriftsteller

Alle Massenveranstaltungen sind Brutstätten der Suggestion.

Erich Limpach (1899 – 1965), deutscher Dichter, Schriftsteller und Aphoristiker
by Friedrich Witte

Wer immer nur auf seine Mitmenschen hört, wird mit der Zeit schwerhörig für seine innere Stimme.

Ernst Ferstl (*1955), österreichischer Lehrer, Dichter und Aphoristiker
Quelle: Ferstl, Zwischenrufe, 2000

Wer für dich denken will,
der will dich auch beherrschen.
Und dich beherrschen will nur der,
der's gut nur mit sich selber meint.

Carl Peter Fröhling (*1933), Dr. phil., deutscher Germanist, Philosoph und Aphoristiker

Spiele dein Lied, aber zwinge die Melodie nicht der übrigen Menschheit auf.

Unbekannt

Du kannst den Menschen nur beeinflussen, wenn du eine gute Meinung von ihm hast.

Unbekannt

Drei sind, die da herrschen auf Erden:
die Weisheit, der Schein und die Gewalt!

Johann Wolfgang von Goethe (1749 – 1832), gilt als einer der bedeutendsten Repräsentanten deutschsprachiger Dichtung

Quelle: Goethe, Erzählungen. Unterhaltungen deutscher Ausgewanderten, 1795. Das Märchen

Der rechte Weg, sich Einfluss auf die Menschen zu erhalten, besteht in dem Ausharren, Gutes zu tun.

David Livingstone (1813 – 1873), englischer Missionar und Afrikaforscher

„Wenn man sich die Welt einmal ohne die eigenen Vorurteile ansieht", sprach der Philosoph, „dann sieht man: Man kann zwar beeinflussen, aber nichts verursachen."

Wolfgang J. Reus (1959 – 2006), deutscher Journalist, Satiriker, Aphoristiker und Lyriker

Quelle: Reus, Zeit-Zeugnisse. (23)

Wenn ein Mensch uns zugleich Mitleid und Ehrfurcht einflößt, dann ist seine Macht über uns unbegrenzt.

Marie von Ebner-Eschenbach (1830 – 1916), Marie Freifrau Ebner von Eschenbach, österreichische Erzählerin, Novellistin und Aphoristikerin
Quelle: Ebner-Eschenbach, Aphorismen, 1911. Originaltext

Imperialisten sind wie der Kuckuck. Sie dringen stets in fremde Nester ein und legen dort ihre Brut ab.

Willy Meurer (1934 – 2018), deutsch-kanadischer Kaufmann, Aphoristiker und Publizist, M.H.R. (Member of the Human Race), Toronto

Wenn wir etwas beeinflussen wollen, brauchen wir entweder mehr Macht oder mehr Bescheidenheit.

Pavel Kosorin (*1964), tschechischer Schriftsteller und Aphoristiker

Es bedarf nichts als Geschwätz, um beim Volke Eindruck zu machen. Je weniger es begreift, desto mehr bewundert es. Unsere Väter und Lehrer haben oft nicht das gesagt, was sie dachten, sondern was ihnen die Umstände und das Bedürfnis in den Mund legten.

Gregor von Nazianz (um 320 – um 390), Patriarch von Konstantinopel

Heutzutage ist nicht mehr sicher, was mehr Einfluss hat:
das Copyright oder die Kopiermaschine.

Pavel Kosorin (*1964), tschechischer Schriftsteller und Aphoristiker

Was heute fröhlich macht, was heute rührt,
Nicht etwa flüchtig wird's vorbeigeführt;
Was heute wirkt, es wirkt auf's ganze Leben.

Johann Wolfgang von Goethe (1749 – 1832), gilt als einer der bedeutendsten Repräsentanten deutschsprachiger Dichtung
Quelle: Goethe, Gedichte. Prolog zu Eröffnung des Berliner Theaters im Mai 1821. III. die Muse

Die beliebtesten Eindrücke sind jene,
die keine Vertiefung hinterlassen.
Martin Gerhard Reisenberg (*1949), Diplom-Bibliothekar und Autor

Es gibt keinen guten Einfluss. Jeder Einfluss ist unmoralisch – unmoralisch vom wissenschaftlichen Standpunkt aus.
Oscar Wilde (1854 – 1900), eigentlich Oscar Fingal O'Flahertie Wills, irischer Lyriker, Dramatiker und Bühnenautor
Quelle: Wilde, Das Bildnis des Dorian Gray (The Picture of Dorian Gray), 1890. Übersetzt von Hedwig Lachmann und Gustav Landauer

Wer auf andre Leute wirken will, der muss erst einmal in ihrer Sprache mit ihnen reden.
Kurt Tucholsky (1890 – 1935, Freitod), Pseudonyme: Kaspar Hauser, Peter Panter, Theobald Tiger, Ignaz Wrobel; dt. Schriftsteller, Journalist, Literatur- und Theaterkritiker der Zeitschrift „Die Schaubühne“ (später umbenannt in „Die Weltbühne“), zählt zu den bedeutendsten Publizisten der Weimarer Republik
Quelle: Tucholsky, Werke 1907 – 1935. Monarchie und Republik, in: Die Weltbühne, 15.06.1922, Nr. 24 (Ignaz Wrobel)

Einfluss ohne Liebe ist Diktatur und Tyrannei.
Erhard Blanck (*1942), deutscher Heilpraktiker, Schriftsteller und Maler

Das Übel der Betörung besteht darin, dass man sich selbst für nicht betört hält und dadurch betört ist.
Lü Bu We (um 300 – 235 v. Chr. (Freitod im Kerker)), reicher chinesischer Kaufmann, später Reichskanzler

Den stärksten und nachhaltigsten Einfluss üben die Menschen aufeinander nur durch das aus, was sie sind.
© Zitaten-Handbuch Joseph Kühnel, 1937

Es ist ein hoher, feierlicher, fast schauerlicher Gedanke für jeden einzelnen Menschen, dass sein irdischer Einfluss, der einen Anfang gehabt hat, niemals, und wäre er der Allergeringste unter uns, durch alle Jahrhunderte hindurch ein Ende haben wird. Was geschehen ist, ist geschehen, hat sich schon in dem grenzenlosen, ewig lebenden, ewig tätigen Universum verschmolzen und wirkt hier zum Guten oder zum Schlimmen öffentlich oder heimlich durch alle Zeiten hindurch.

Thomas Carlyle (1795 – 1881), schottischer Philosoph, Historiker, Essayist, Geschichtsschreiber und sozialpolitischer Schriftsteller

Ein Fluss kann Dämme brechen.

Julian Nasiri (*1983), Immobilienfachmann und Aphoristiker

Man kann einen Menschen schneller
und leichter verderben als verbessern.

Berthold Auerbach (1812 – 1882), eigentlich Moses Baruch Auerbacher, deutscher liberaler Kulturpolitiker und Schriftsteller
Quelle: Auerbach, Walfried. Roman, 1874

Der Mensch ist nicht schlecht,
er ist nur beeinflussbar.

Daniel Mühlemann (*1959), Naturfotograf, Aphoristiker und Übersetzer

Extrinsische Motivation ist nur ein anderer Ausdruck für Manipulation.

Niko Hachenberg (*1981), Diplom-Ingenieur für Maschinenbau und Wirtschaftsingenieurwesen

Diejenigen, die dich dazu bringen können, an das Unwahrscheinliche zu glauben, sind auch in der Lage, dich zu Gräueltaten zu überreden.

Voltaire (1694 – 1778), eigentlich François-Marie Arouet, französischer Philosoph der Aufklärung, Historiker und Geschichts-Schriftsteller

Heute ist es eine Hauptpflicht des echten Mannes, von den Strömungen des Tages sich unbeeinflusst zu erhalten. Das kann er aber nur, wenn er sich, soweit es geht, von dem Sippenwesen fernhält.

Otto von Leixner (1847 – 1907), eigentlich Otto von Grünberg, deutscher Novellist, Dichter und Literaturgeschichtler
Quelle: Leixner, Aus meinem Zettelkasten. Sprüche aus dem Leben für das Leben, 1896

Bei starken und elastischen Naturen rufen ungewöhnliche Eindrücke von außen einen desto stärkeren Gegendruck von innen hervor, ihr Geist ist gegenwärtig mit allen Kräften, sodass sie noch edler und mächtiger handeln als in ruhigem Zustand und unter gelinden, langsamen Eindrücken.
Moritz Lazarus (1824 – 1903), deutscher Philosoph und Mitbegründer der »Völkerpsychologie«

Es ist erstaunlich, wie viele Menschen es verstehen, sich mit wahrem Bienen- oder Bibertalent ihre kleinen, zerstreuten, unendlich weit auseinanderliegenden Verdienstchen zur Berechtigung eines Tempelchens auszubauen, in welchem sie sich einen Cultus der Verehrung zu errichten wissen, als existierte außer ihren eigenen Leistungen nichts anderes in der Welt. Sogar die Gemeinde, die jede Verehrung braucht, wissen sie sich mit bewundernswürdiger Geschicklichkeit zu pressen.
Karl Gutzkow (1811 – 1878), Karl Ferdinand Gutzkow, deutscher Schriftsteller und Journalist, Pseudonym: El Bulwer
Quelle: Gutzkow, Vom Baum der Erkenntnis. Denksprüche, 1869

Du bildest dir ein, durch deine erzieherischen Talente einen Menschen gewandelt zu haben, und doch hast du meist nur einen Komödianten, einen Heuchler oder einen Feigling aus ihm gemacht.
Arthur Schnitzler (1862 – 1931), österreichischer Dramatiker und Erzähler
Quelle: Schnitzler, Buch der Sprüche und Bedenken. Aphorismen und Fragmente, 1927

Oh, was bin ich doch bis jetzt für ein Mensch gewesen! Man hat mir einige mal Festigkeit des Charakters nachgesagt, und ich bin eitel genug gewesen, dies für wahr anzunehmen. Welchem Umstande habe ich wohl diese Meinung zu verdanken, ich, der ich bis jetzt mich immer von den Umständen habe leiten, meine Seele die Farbe der Gegenstände habe annehmen lassen, die mich umgeben?

Johann Gottlieb Fichte (1762 – 1814), deutscher Theologe und Philosoph
Quelle: Fichte, J. G., Briefe. An seine Geliebte, 1. März 1791

Je mehr der Mensch seiner Persönlichkeit entsagt,
umso größeren Einfluss übt er auf die Menschen.

Leo Tolstoi (1828 – 1910), Lew Nikolajewitsch Graf Tolstoi, russischer Erzähler und Romanautor
Quelle: Tolstoi, Lebende Worte. Aus L. N. Tolstojs Werken ausgewählt von Emil Engelhardt. Mit einer Einführung von Friedrich Rittelmeyer, Verlag W. Wunderling, Regensburg 1913. Originaltext der Übersetzung

Wer unser Denken beeinflusst,
steuert und bestimmt unser Sein.

Alfred Selacher (*1945), Schweizer Lebenskünstler

Ich erachte den literarischen Einfluss Wagners auf mich gleich null,
abgesehen von den geistigen Atmosphärilien.

Robert Musil (1880 – 1942), Robert Edler von Musil, österreichischer Novellist, Dramatiker und Aphoristiker

Zweierlei Einflüsse werden auf uns ausgeübt: solche, die wir merken,
und solche, die andere merken.

Otto Weiß (1849 – 1915), Wiener Musiker und Feuilletonist
Quelle: Weiß, O., So seid Ihr! Erste Folge, Deutsche Verlags-Anstalt, Stuttgart und Leipzig, 1906

*Möchten Sie mehr über mich und meine weiteren Bücher erfahren? Dann besuchen Sie mich gerne auf meiner Autorenseite unter **Konrad Sewell** bei Amazon.*

Wir danken Ihnen für Ihr Interesse und Ihr Vertrauen. Als Dankeschön dafür, haben wir eine besondere Überraschung. Wir haben ein **ultimatives Manipulationstraining.** Und diese erhalten Sie vollkommen kostenlos. Das klingt wunderbar? Dann warten Sie nicht lange und holen Sie sich Ihr Gratis-Geschenk.

Hier geht es zu Ihrem Gratis-Geschenk:

https://forms.gle/vy9sb8nF7A7WAz8a9

1. **Öffnen Sie die Kamera-App auf Ihrem Smartphone und richten Sie die Kamera auf den QR-Code.**
2. **Klicken Sie auf den Link, der Ihnen angezeigt wird und schon werden Sie zur Website weitergeleitet.**